JN120709

ポスト・ブレグジットの
イギリス金融

政策・規制・ペイメント

斉藤美彦 [著]

文眞堂

目　次

序章

ポスト・ブレグジットと
シティ

　2016年6月の「イギリスのEU離脱の是非を問う国民投票」の結果は，事前予想と異なるものとなり，国内外に衝撃を与えた。投票前においては接戦となるとの予想は一般的であったが，結果は僅差ながら残留派が勝利するであろうとの予想の方が多かったのは事実であろう。2014年9月の「スコットランドの独立を問う住民投票」も接戦が予想されたが，結局のところ反対派が勝利した（得票率55.3％：独立賛成派得票率44.7％）。EU離脱についても結局のところ現状維持的な結果となるのではないかとの予想が多かったものの，離脱派が51.9％，残留派が48.1％という結果が示されたのであった。

　これを地域別にみるならば，イングランドとウェールズは離脱賛成が多数であり，スコットランドと北アイルランドは残留賛成が多数であった。ついでながらジブラルタルは圧倒的に残留賛成が多数であったが，イングランドをさらに細かくみれば賢者の都市のオックスフォード，ケンブリッジは残留賛成が多数であり，最も豊かな都市のロンドンもまた残留賛成が多数であった。シティ（金融界）はイングランド銀行（BOE）も含めて残留派であり，イギリス経済を支配する層の希望とは相反する結果が示されたのであった。

　離脱賛成派は，「高齢者」，「低所得者」，「低学歴」等の特質があるとの調査結果がある（男女差はないとされている）。そうするとイギリスのEU離脱とは，「労働者階級の反乱」（ブレイディみかこ）であるとみなせるわけである。アメリカにおけるトランプ前大統領の支持層と似た，中央の意思決定から取り残されたと感じている層が離脱派の怪しげなキャンペーンに乗っかってしまったということとなろう。

　なお，この国民投票はいわゆる「意向投票」であり，理論的には

政府はそれに拘束されるわけではないが，民主主義国家において投票結果を無視することは現実的には不可能であり，結果を受けてキャメロン首相は退陣を表明した。そして後任には残留派であったメイ女史が就任したが，EU ととりまとめた離脱協定について議会承認を得ることができなかった。メイ首相は，2017 年 3 月に EU に正式に離脱を通告し，事態打開のために下院を解散し同年 6 月に総選挙を実施したが，保守党は単独過半数を達成できず，民主統一党（北アイルランドのユニオニスト）の閣外協力を得て，かろうじて政権を維持した。その後も議会において EU 離脱協定の取りまとめは難航し，結局メイ首相は 2019 年 6 月に保守党党首の辞任（首相も辞任）を表明し，後任は強硬離脱派のジョンソン氏となった。

　ジョンソン首相は，「合意なき離脱」となろうとも早期にイギリスの EU 離脱を目指すとしたが，これにたいして議会下院は「合意なき離脱」を阻止する法案を可決した（9 月）。その後，10 月末に予定されていた離脱期日が 2020 年 1 月末まで延期され，12 月には紆余曲折の末に総選挙が実施された。この選挙において保守党は大勝し，EU との離脱協定案は議会を通過し，2020 年 1 月末にイギリスは EU を離脱した。国民投票から約 3 年半のことであった。その後は移行期間となり，この交渉についても難航したが，2020 年末に合意に達し，2020 年末をもってイギリスは完全に EU を離脱した。

　離脱協定において問題となったのは，EU・イギリス間において関税が復活することはないのかであったが，これについては復活することはなかったが，通関手続きは復活することとなった。そして最大の問題点は，アイルランドと北アイルランドの国境管理問題であったが，これについてはブリテン島と北アイルランドの間に貿易

関連では事実上の国境線が引かれ，北アイルランドが実際上は EU の単一市場に属することとなった。これはアイルランド島における国境管理の厳格化が，北アイルランドにおけるユニオニスト（プロテスタント）とナショナリスト（カトリック）の対立の激化に結びつくことがあってはならないとの判断からのものであろう。

　その他で離脱交渉において問題となったこととしては，漁業問題等もあるが本章においては，ブレグジットがシティ（イギリス金融界）にどのような影響を与えるのかについてみることとしたい。ブレグジットにシティが反対であったのは，それによりロンドン市場のヨーロッパにおける地位が低下すること，およびイギリスの金融機関の EU 圏内での業務に支障が出るのではとの恐れによるものであった。

　まず後者のイギリスの金融機関の EU 域内の活動であるが，これについては EU においては域内のある国において金融業関連の免許を取得すれば全域における域内営業活動が可能である。これを「単一パスポート」というわけであるが，EU 離脱によりイギリスで免許を取得した金融機関は「単一パスポート」を失うこととなる。当初，イギリスの金融界は「単一パスポート」と同様の「相互認証」の導入を期待していたが，2018 年 7 月の段階におけるイギリス政府の方針には入れられなかった[1]。そうすると，これへの金融機関側の対応としては，まずは「同等性評価」の取得がある。この「同等性評価」とは，EU 域外の国籍の金融機関が，域内で営業を行うに際しては，免許を付与している国における規制が EU の規制と同等であるとの評価が得られなければならないということであり，これがなければ域内における営業は認められないわけである。イギリス籍の金融機関は，これまでは「単一パスポート」によりイギリス

外の EU 諸国において自由に営業活動を行うことができたわけでは
あるが，離脱後においては「同等性評価」を得る必要があり，なお
かつこの評価基準は変更される可能性があることとなる。

　さらに「同等性評価」を得るための時間は案件により異なり，場
合によっては長期間を要することとなる。太田［2018］は，スイス
の金融機関についての「同等性評価」（欧州市場インフラ規制に関す
るもの）においては，欧州証券市場監督局（ESMA）から承認に前
向きな技術アドバイスが提出された時点から，欧州委員会がそれに
ついて肯定的評価を決定するまでの間に 2 年以上を要したと紹介し
ている[2]。このためイギリスの金融機関の多くは，2020 年までの間
に EU 諸国に現地法人を設立することにより対応した模様である。

　なお，EU が「同等性評価」を暫定的に与えることとなったもの
としては，イギリスを拠点とするセントラル・カウンター・パー
ティー（CCP）によるクリアリング（店頭デリバティブ関連）があり，
これについては 2022 年 6 月までは，EU 域内の金融機関による
CCP 利用が認められている。また，アイルランドの証券の取扱い
については 2021 年 6 月まで認められていた。

　イギリスの大手金融機関は，2019 年までの間に，リテール金融
業務と投資銀行業務・国際業務の分離が求められ（リテール・リン
グフェンス規制：第 3 章参照），組織再編を行い前者を行うリテール・
リングフェンス銀行（RFB）が設立された。これらの銀行について
は，ドメスティックな存在であり，海外進出も行わないことから，
そもそも「同等性評価」の問題は存在しない。

　次に前者の懸念，すなわちシティの地盤沈下の件であるが，これ
については何の変化もないということはありえない。2016 年の国
民投票以降において，イギリス籍も含めた各国の金融機関はシティ

から，欧州ビジネス・人員の一部を他のヨーロッパ諸国（金融センター）に移したからである。問題は，そのことがヨーロッパで一番の，世界的にみてもニューヨークの次の位置を占めるシティの地盤が沈下し，その座をヨーロッパの他地域の金融センターに奪われるようなことがあるのかということであろう。ロンドン（シティ）にとって代わる候補としては① フランクフルト（ドイツ），② パリ（フランス），③ ルクセンブルグ，④ アムステルダム（オランダ），⑤ ダブリン（アイルランド）が挙げられ，実際に一部業務・人員が移転していった。

　イギリス政府・金融規制監督当局としては，EU 加盟国（および EEA）の金融機関にたいして，ブレグジット後においても単一パスポートの継続措置（3年間）を約束し，これによりシティからの移転の動きは緩和されることとなった模様である。ただし EU の側のヨーロッパ中央銀行（ECB）や金融規制当局は，イギリスに拠点を置く金風機関に，域内の拠点からリモートで取引等を行い，取引執行についてはロンドン市場で行うといった行為（バックトゥバック取引・リモートブッキング）については反対の姿勢であり，これによりシティの地盤が低下することも予想される[3]。

　一方，国際金融センターとしてのシティの種々のインフラストラクチュアの充実を評価する見解（金融取引に関するノウハウの蓄積，会計士・弁護士等の水準の高さ，英語でビジネスができること等）も有力であり，そうするとブレグジットによるシティの地盤沈下は軽度のものであるということとなる。

　経過期間終了後においてヨーロッパの金融市場に生じた変化については，吉川［2021］が簡潔にまとめているので，以下ではそれに依りつつその実態をみてみることとしたい。それによれば，ロンド

ンにおいては CBOE ヨーロッパやターコイズでヨーロッパ株の取引が行われていたが，各国株式の取引を合計すると CBOE ヨーロッパが各国の証券取引所を上回り，最大の取引市場となっていた[4]。しかし，EU 加盟国様式のイギリスにおける取引が禁止される見通しとなったことを受けて，それらの取引所および取引業者はアムステルダム（オランダ）に子会社を設立して準備をしてきており，実際に 2021 年においては EU 加盟国株式の取引はイギリスではほとんど行われなくなった模様である。

　さらに，従来であればヨーロッパの企業がヨーロッパ他国で上場する場合，イギリスで行われるのが一般的であり，その他では取引量の多いドイツ，フランスが選定されることが多かった。しかし，2021 年においては，国別株式資金調達額においてオランダが急伸しており，金融センターがロンドン（イギリス）からアムステルダム（オランダ）へと移転するという主張も現れるようになったということである[5]。ただし吉川［2021］は，こうした見解には懐疑的であり，もう少し長い期間でみる必要があるとしている。なお，金融の強い国は，カルヴァン派の国であるという見解もあり[6]，その意味ではオランダが優位かもしれず，また金融といえばユダヤ系の人々であり，彼ら彼女らはドイツへの移住には慎重であろうし，そのことがフランクフルトの金融センターとしての発展の障害となることも考慮に入れておいた方がよいのかもしれない。

　その他では，店頭デリバティブ取引であるが，2021 年に入ってからイギリスでの取引が減少し，ここでもオランダそしてフランスにおける取引が増加している模様である。ヨーロッパでは，店頭デリバティブ取引の中でもユーロ建て金利スワップ取引の比率が高いが，EU がこれも含めてユーロ建ての取引をユーロ圏内で行うこと

を目指しているのは当然のことといえよう。また，「同等性評価」
が与えられたユーロ建て金利スワップ取引のクリアリングについて
も，2022年6月以降はそれまでと同じということは，おそらくは
ないであろうし，金融センターを目指す都市間の争いは激化してい
くことが予想される。

　なお，国民投票後の金融機関の移転状況をみるならば，数の面で
はアムステルダム（オランダ）よりも，ダブリン（アイルランド），
フランクフルト（ドイツ），ルクセンブルグの方が多い。これにつ
いては，アムステルダムにすでに質の高い金融関係のインフラスト
ラクチュアが形成済みであったとの評価も可能であり，今後の金融
センター間の競争，ロンドンがどこまで衰退を阻止できるかはよく
わからないといってよいだろう。この種の動きは，加速度がつき始
めると一挙にその動きが進展するというのが通例であり，実際の動
きを注意深く見守る必要があろう。

　筆者の個人的な現段階における予想を述べるならば，多少の地盤
沈下はありつつも，シティはしたたかな戦略により，世界第2位，
ヨーロッパ第1位の金融市場の座を明け渡すことはしばらくはない
であろうということである。そしてブレグジット後においても，金
融上の革新を先導しつつ，変革を行っていくのではないかと予想さ
れる。

　ここで，本章（序章）以下の，イギリス金融の変化における問題
点を考察するならば，第I部（第1章，第2章，第3章および補章）
では主として金融政策の変化について検討するわけであるが，ブレ
グジットにより通貨ユーロ採用の可能性は完全になくなったことが
まず挙げられるであろう。もっともスコットランドが独立し，EU
に加盟し，通貨をユーロとするということは可能性としてはありう

るが。

　そして金融政策についても BOE のそれは，ヨーロッパ中央銀行
（ECB）のそれとは異なった調節方式であり続けるということであ
る。これは量的緩和からの出口戦略（といっても第 1 部で考察すると
おり，それは以前とは異なるものとなってきているが）における違い
に現れてくるであろう。また，BOE の量的緩和（QE）は，資産購
入を子会社の資産購入ファシリティ（APF）が行い，BOE 本体は
APF に貸付を行うというユニークな方式をとっている。そして，
将来的に APF に損失が発生した場合には，財政負担となる（利益
が出た場合は財政収入）という，政府（財務省）と BOE の間の取り
決めがあるというのもユニークな点である。これは，BOE が将来
的に債務超過になることは，ほとんど考えられないということであ
り，通貨ポンドの価値の安定に寄与することがあるか否かが注目さ
れるのである。

　もっとも，独自性の一方で，ECB を意識した変更を BOE はこれ
までも行ってきている。一例を挙げるならば，BOE は 2014 年 11
月に，MPC の開催を年 8 回（それまでは 12 回）とする等の改革を，
議会からのガバナンス強化等の要請を受けて行った。これはヨー
ロッパ中央銀行（ECB）が，2015 年 1 月から，金融政策について議
論する政策委員会の頻度をそれ以前の月 1 回から 6 週間に 1 回とし
たことも影響しているであろう（決定は 2014 年 7 月）。そしてこれ
らの変更は，アメリカの連邦準備制度（FRS）の連邦公開市場委員
会（FOMC）の開催頻度を意識したものであることは明らかである。
このような形以外のその他の国際協調は今後もなされていく可能性
は高いかもしれない。

　なお，イギリスは欧州通貨統合には参加しなかったものの，決済

システムとしての TARGET への参加は認められた。そして
TARGET の稼働開始時の 1999 年 1 月にはイギリス国内において
ユーロの大口決済を行う CHAPS Euro を稼働させた。その後，
TARGET は次世代システムの TARGET2 へと 2007 年から翌年に
かけて移行したが，このシステムにはイギリスは参加せず，
CHAPS Euro も 2008 年 5 月に閉鎖された。ただしその後において
も，イギリスの銀行は，ユーロ圏における支店や子会社を通じる
か，ユーロ圏の中央銀行にたいしてのイギリス国内からの利用であ
るリモート・アクセスを通じて TARGET2 には接続している[7]。
その後，イギリスのペイメントシステム（サービス）は，ユーロ圏
と異なる形で発展する。小口決済においては，2008 年 5 月に稼働
を開始した週 7 日・24 時間対応で，電話番号がわかれば口座番号
を知らなくても送金できるファースター・ペイメント（金融機関間
は 1 日 3 回の時点ネット決済）のようなイノベーティブなサービスも
登場した。さらに　BOE の取引についても，2010 年代において，
従来の銀行および住宅金融組合のみから，投資関連業者やセントラ
ル・カウンター・パーティー（CCP）にも拡大するなど，新しい取
り組みも行ってきている

　なお，イギリスにおいては，キャッシュレス・ペイメントが増加
してきてはいるが（本書第 5 章参照），超低金利であることもあり銀
行券の発行残高は増加してきており，コロナ禍においてはさらに増
加率は高まっている[8]。これはスウェーデン等で銀行券の発行残高
が減少してきた（コロナ禍においては増加はしているが）のとは異
なっている。このキャッシュレス・ペイメントの増加の一方での銀
行券の発行残高の増加については（特にコロナ禍において），「銀行
券のパラドックス」と呼ばれているが，コロナ禍においては ATM

からの出金額が減少しているにもかかわらず，銀行券残高が増加しているという興味深い現象が発生しているのである[9]。

　キャッシュレス化は，近年のイギリスにおいても生じている事態であるが，これへの対応としてBOEは中央銀行デジタル通貨（CBDC）の検討を行ってきている。本章執筆時点においては（2021年6月），BOEはその導入方針は明かにしてないが，第3章に示しているとおり，その導入検討を本格的に行ってきている。これについてはユーロ圏に属していないことが，その導入について短期間のうちに行ううえでポジティブに働く可能性があるといえよう。

　ただCBDCの導入がどうなるのかにかかわらず，近年においてイギリスのリテールペイメントは大きく変化してきており，今後も大きく変化していくことが予想される。第5章で詳しくみているが，かつて小切手社会といわれていたイギリスではあるが，小切手使用は急速に縮小してきており，これに代わってデビットカード利用が急伸してきている。そしてデビットカードは小切手ばかりでなく現金（銀行券・コイン）を代替してきているのである。また，銀行預金の振替においても，イギリスは資金化までの期間（クリアリングサイクル）が長く，現在でもその傾向はあるようではあるが，少額送金については前述のファースター・ペイメントのような新システムも導入されているなど，ペイメントサービス面でのイノベーティブな動きもある。これはスマートフォン利用を前提としたものであるが，これにはチャレンジャー・バンクと呼ばれる新規参入業者の果たしている役割が大きい[10]。イギリスの金融といえば，19世紀に銀行合同が進展し，1910年代にビッグファイブ体制，1960年代末にビッグフォー体制が確立し，ミッドランド銀行がHSBCとなったり，ナショナル・ウェストミンスター銀行がRSBとなっ

たり（2020 年にはナットウェストになったが）といった変化はあったが，4 行のシェアが圧倒的であるという状況が続いてきている。この状態がすぐに変化するとは思えないものの，構造変化はありえないとはいいきれないところであろう。

　前述のとおり，2020 年までにビッグフォーとサンタンデール銀行（旧住宅金融組合から銀行に転換したアビーナショナルがスペインのサンタンデール銀行に買収されたイギリス現地法人）は，組織再編を行いリテール部門（リングフェンス銀行）と投資銀行・国際業務部門を分離した。これは世界に先駆けた動きであるが，かつてアメリかで提案されたナローバンクと異なり，銀行の信用創造機能（貸出を預金設定により行うこと）を阻害しないことに配意されている。このリングフェンス規制的なアイデアは，銀行危機がおきると大衆預金の保護やペイメントシステムの維持の観点から主張されるものではあるが，なかなか実現されないものでもあった。イギリスにおける新規制はリーマン・ショックの反省を生かしたうえで，銀行の信用創造機能を阻害しない工夫のもとで行われており，一般の銀行利用者にはほとんど影響を与えずに行ったという点が金融の国イギリスらしいものであった。問題は，実際に大規模な金融危機が発生した際に，組織再編が危機の伝播を防ぐのに役立つかということと，リングフェンス銀行の収益性が十分かという点であるが，これらについては今後の経緯をみなければ分からないといえよう。

　第 6 章では，イギリスの住宅金融を長期間にわたって支えてきた住宅金融組合を中心にそれを検討した。第一次世界大戦後から 1970 年代初めのニクソンショックの頃までの一般的に国家独占資本主義であるとか福祉国家と称される段階において，イギリスの持家比率は上昇を続けた。これを金融面で支えたのが，その組織形態

は相互組織であり，ペイメントサービスは提供せず，したがって信用創造機能は有しない貯蓄金融機関としての住宅金融組合であった。この住宅金融における構造は，1970年代後半以降の金融化と称される段階において大きく変貌することとなった。1980年代に入りそれまで住宅ローンを大掛かりには提供してこなかった商業銀行がその本格的な提供を開始し，資金吸収面においても各種の新規預金商品を提供するなどリテールバンキングにおける競争圧力は高まっていった。

　このような状況を受けて1986年には住宅金融組合の業法が改正され，ペイメントサービスの提供（これにより信用創造が可能となった）や大口資金の吸収等の新規業務が認められただけでなく，そこには株式会社（銀行）への転換を可能とする規定が盛り込まれたのであった。そしてこの規定により1990年代末までにほとんどの大手の住宅金融組合は銀行に転換し，それらは2000年代後半の金融危機の中心ともなったのであった。破綻の原因は流動性危機であったり，新規分野への進出失敗であったり，合併後の戦略失敗であったりしたわけではあるが，住宅金融におけるデフォルト率の高まりが顕著だったわけではないということは注目しておいてよいかもしれない。

　金融化時代からの転機が予感されるポスト・ブレグジット（これとコロナ禍とがほぼ同時期であった）における住宅金融においては，格差の拡大が持家比率の低下へとつながることがどう影響するかが注目される。そして，ブレグジットにより金融機関の海外流失が加速化するならば，ロンドンの住宅価格が低下せざるをえない気もするが，実際にはどうなるかも注目される[11]。やはりそれは国際金融センターとしてのシティの地位如何ということになるのであろう。

　以上，簡単にみたようにイギリスの金融は近年，政策においても規制においてもペイメント等においても大きく変化してきている。そしてそこには国際金融センターシティを擁する金融大国イギリスならではの種々の工夫が満載である。ポスト・ブレグジットの時代においても，イギリス（シティ）はしたたかに独自の改革・変革を行っていくであろう。本書は，以下で具体的な論点についてみていくこととしたい。

　注
　1 ）菅野［2021］125 頁。
　2 ）太田［2016］171 頁。
　3 ）菅野［2021］142-4 頁。
　4 ）吉川［2021］26 頁。
　5 ）吉川［2021］29 頁。
　6 ）倉山満は，アメリカ，スイス，オランダの 3 国の予定説（神によりすべてが決められていて，人間に自由意志はないとする説）を取るカルヴァン派の国の特徴として，金融大国であることを挙げている（倉山［2019］77 頁）。ただし，外務省ホームページによると，2015 年時点におけるオランダのカルヴァン派を含めたプロテスタントの人口比率は 15.8％である。
　7 ）中島・宿輪［2013］196 頁。
　8 ）イギリスにおける銀行券は 2016 年以降ポリマー製のものが増加してきている。
　9 ）この点について詳しくは Caswell et al. ［2020］を参照されたい。
　10）本書では，チャレンジャーバンクについて詳しく検討はしていない。これについては菅野［2021］が参考となる。
　11）吉川［2021］は，2016 年以降においてロンドンの住宅価格の上昇率がアムステルダム，フランクフルト，パリ，ダブリンと比べて低いというデータを紹介している。

第Ⅰ部

中央銀行・金融政策

第1章

危機とイングランド銀行のバランスシート

―――新型コロナ危機対応を中心に

● はじめに

　2020年に入り本格的に流行した新型コロナ感染症（Covid-19）は，地球規模での大問題となってきている。そしてそれは経済活動への大きな影響をもたらし，各国中央銀行もまたそれへの対応を余儀なくされてきている。ただし今回の事態には大きな特徴がある。それは2008年のリーマン・ショック（グローバル金融危機：GFC）後において，先進諸国の中央銀行の多くは非伝統的ないしは非標準的と称される異例の金融緩和政策を採用せざるをえなくなってきており，そこから平時において標準とされるような金融政策への復帰がなされないままに新型コロナ危機対応としての新たな金融緩和策が求められているということである。いわゆる非伝統的金融政策の出口がどのようなものになるのか，その際に問題は生じないのか等については，注目されてきたところではあるが，新型コロナ危機により，出口は遥か先にしか見通せなくなってしまった印象がある。それはまた，新たな標準（ニューノーマル）の誕生とみなければならないのかもしれない[1]。

　本章においては，そのような問題意識を持ちつつ，以下でイングランド銀行（BOE）の新型コロナ危機対応策を検討し，その特徴点を明らかにするとともに，2020年8月のジャクソンホール・コンファレンスでのBOE総裁講演（および提出されたペーパー）において，同行が政策ツールとしての中央銀行バランスシートについてどう考えているかを検討し，今後の金融政策の姿を展望することとしたい。

　イングランド銀行の新型コロナ危機対応

　これまでのところの BOE の新型コロナ危機対策は 2020 年 3 月中に決定されたものがほとんどである。まず政策金利についてみると，3 月 11 日の MPC（金融政策委員会）において 0.5％の引下げ（0.75％→0.25％）を行ったが（ベイリー新総裁の就任は 3 月 16 日），その約 1 週間後の 3 月 19 日にはさらに 0.15％の引下げ（0.25％→0.1％）を行い，政策金利を史上最低水準とした。BOE の政策金利（準備預金への付利金利）は，2009 年 3 月の量的緩和（QE）開始時に 0.5％に引き下げられて以来，しばらくこの水準を維持していたが，2016 年 6 月のイギリスの EU 離脱を問う国民投票の結果が「離脱賛成多数」となったことによる混乱への対処として同年 8 月に 0.25％の引下げが行われたが，金融市場等が落ち着いてきたことを背景に 2017 年 11 月に 0.25％の引上げが行われ 0.5％に復帰し，さらに 2018 年 8 月には 0.25％の引上げが行われ 0.75％となった。この際には，QE の水準の引下げは行われなかったが，金利面では非伝統的政策からの出口を出始めたかのような外観を呈していたのであった。それが 2020 年 3 月に急速に引き下げられたのは，後述するように，金融市場等におけるストレスが非常に強まったと BOE が判断したことによるものであった（図表 1-1）。

　2020 年 3 月の BOE の対応をより詳しくみるならば，前述のとおり 3 月 10 日には政策金利の 0.5％引下げを決定したわけであるが，これと同時に主として中小企業向けの資金供給策である TFSME（期間 4 年，バンクレート近傍での貸出，実施期間 1 年）の採用が発表された。BOE がこれまで行ってきた資金供給制度（FLS・TFS）と

図表 1-1 政策金利（BOE）の推移

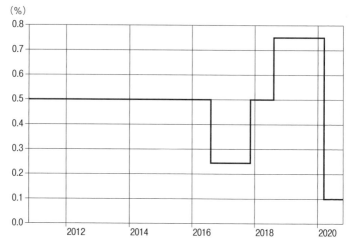

［出所］Bank of England.

同様に参照期間の金融機関の融資残高の5％（プラス期間中の貸出増加額）までの貸出が可能であるというスキームとなっていた[2]。

この3月10日の決定においては，量的緩和の増額（買入額の上限の改定）決定はなされなかったが，3月19日には，その2,000億ポンドの増額（国債および社債：4,450億ポンド⇒6,450億ポンド）の増額が決定された。さらに TFSME についても貸出上限の当初算定額が融資残高の5％から10％へと引き上げられた。なお，この決定に先立つ3月17日には，政府（財務省）は，新型コロナ危機対策のパッケージを発表したが，その中には政府によるコマーシャルペーパーの買入スキーム（CCFF）が含まれており，BOE は財務省のエージェントとして活動することとされていた。さらに3月中に決定されたものとしては，BOE の対政府貸付枠（Ways and Means）

の増額が挙げられる（BOE と政府の合意は3月9日）。

　なお，BOE による大規模資産購入（量的緩和）は，実際には子会社の APF がこれを行うわけであるが，APF は3月19日に発表（Market Notice）を行い，3月20日に51億ポンドの国債購入（短期・中期・長期にほぼ等分）を実施するとした。また，APF は3月19日以前に保有国債の満期到来分（175億ポンド）の再投資を進めていたが，3月20日および23日に102億ポンドの再投資を行いこのプロセスを完了させると発表した。このように3月における BOE の対応は，巨額かつ迅速なものであった。

　その後においては，BOE は6月17日の MPC において，量的緩和の1,000億ポンドの増額を決定し，その上限を7,450億ポンドとした。

 ## 金融政策とイングランド銀行のバランスシート

　BOE の2020年3月の対応をみるならば，3月10日の MPC の決定以降において，金融市場等の動揺があり，これに加えて政府の対応策も発表されたことから，3月19日には金融政策の大きな変更がなされたことがわかる。その中心は，政策金利の引下げよりも APF による資産購入上限の大幅な引上げであろう。結果として BOE のバランスシートはさらに大きく膨らむこととなったわけであるが，これについては4月23日の MPC ブリハ委員による興味深い「金融政策とイングランド銀行のバランスシート」（Vlieghe [2020]）というスピーチがあるので，以下ではこのスピーチについて紹介することとしたい。

　ブリハ委員は，まず今回の危機が経済に非対称的なショックを与

図表 1-2　伝統的金利政策下の中央銀行 B/S

資　産	負　債
国債等（＋）	準備預金（＋）
	銀行券（＋）
貸出・証券（民間部門）	資本金・その他負債
海外資産（ネット）	

［出所］Vlieghe [2020] p.4.

えていること，および財政・金融政策による対応が必要であること
を述べたうえで，まずは「中央銀行のバランスシートと伝統的金融
政策」の関係について述べている。平時における中央銀行のバラン
スシートの姿は図表1-2のようなものであり，独占的な準備の供給
者としての中央銀行は，公開市場操作（買切りオペ・レポオペ等）に
より準備を供給（創造）していると説明している。そして公開市場
操作で供給された準備の一部を民間銀行は銀行券に変換しているわ
けであるが，これらのこと，すなわち民間銀行には準備需要がある
ということは，中央銀行が短期金利の水準に影響を与えることがで
きるということになる。このことを表しているのが図表1-3という
こととなり，準備の供給曲線は垂直となっているのである。

　それに続けて説明されているのが，「中央銀行のバランスシート
と非伝統的金融政策」についてである。量的緩和（大規模資産購入）
政策の導入により，中央銀行のバランスシートは図表1-4のように
変化する。この際でも資産購入は準備により行われるわけであり，
大規模となっていることを除けば伝統的金融政策と異なるものでは
ない。ただし短期金利の引下げ余地がなくなった際に導入されるの
が非伝統的金融政策であり，供給される準備は超過準備である。こ
の際に準備預金に付利されるということは重要であり，中央銀行は

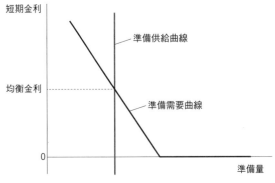

図表1-3　準備需要と準備供給（平時）

［出所］Vlieghe [2020] p.4.

図表1-4　量的緩和（QE）後の中央銀行 B/S

資　産	負　債
国債等（＋）	準備預金（＋）
国債等	準備預金
	銀行券
貸出・証券（民間部門）	資本金・その他負債
海外資産（ネット）	

［出所］Vlieghe [2020] p.5.

これにより短期金利の調節力を失わないでいられると説明している（これについての説明の図は省略）。さらにこの準備預金への付利により民間銀行は大量の超過準備を保有することになるが，その結果として貨幣乗数が低下することを指摘している。

そして今回の BOE の緩和措置の説明へと入っていくわけである

図表 1-5　株価と国債利回りの変動

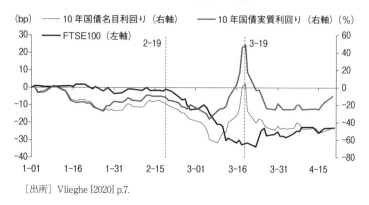

［出所］Vlieghe [2020] p.7.

が，その際のキーワードは，「状況依存」（State Dependence）であり，「量的緩和のインパクトの状況依存性」について語られている。ブリハ委員は，量的緩和の効果としては，短期金利の引下げ余地がなくなった際の中央銀行の緩和方針を表すものとしての期待チャネルの重要性があるとしているが，これは BOE の見解としてはこれまであまり前面に出るものではなかった印象がある[3]。さらに量的緩和には短期的な流動性効果があり，ここにおいて「状況依存」が存在するとの説明が行われている。

　金融市場のストレスが非常に高まったのが 3 月中旬であり，「現金へのダッシュ」が発生し，最も流動性が高いはずの市場である国債利回りは上昇し，株価は下落した（図表 1-5）。国債利回りの上昇は，実質金利の上昇によってもたらされたのであり，インフレ率の変化によるものではなかったとの説明がされ，3 月 18 日のイールドカーブの変化（実質：5 年超）は，1997 年の BOE の独立以来最大の 1 日の変化幅であると述べ，3 月 19 日の MPC の決定の背景を

示している。そして2,000億ポンドの国債・社債の（急速度での）追加購入のアナウンスメントは，非常に効果的であったと述べている。この結果，金融市場におけるストレスは低減されたとしている。

　さらにブリハ委員は，今回の量的緩和は，これまでのものとは① 国債と社債の購入割合を事前にアナウンスしないこと，② 購入ペースについても事前にアナウンスしないことが異なると説明し，そのことが市場の機能向上に有効であったとしている。また，その目的は，いつもと同じようにインフレーション・ターゲットの達成であるとも述べている。

　なお，前述の対政府貸付（Ways and Means）枠の拡大であるが，これについてもブリハ委員は関説しており，これについては中央銀行の準備預金により支えられるという意味では国債等の資産購入とバランスシートのみかけ上は同様ではあるが，イニシアティブの相違は重要であると指摘している。すなわち，国債購入は中央銀行側のイニシアティブで行われるのにたいして，対政府貸付は（枠内において）政府のそれにより行われるのである。

　対政府貸付については，一般的には中央銀行が行ってはいけないこととされている。しかしながらイギリスにおいては，この項目は以前からバランスシートにおいて保持されてきた[4]。もっとも1998年の債務管理庁（DMO）発足以後は，このバランスは削減され2008年前半にはほとんどネグリジブルなものとなっていた。もっとも2008年秋には預金保険（FSCS）関連で若干の貸出が発生したが，これもほぼ年内に完済されている。今回の措置も発行市場（特にTB）が混乱した際の受け皿（ファインチューニング）との位置づけである。

　この他，ブリハ委員は，政府のコロナ対策の特別貸付ファシリティ（CCFF：BOE はエージェントとして活動）についても説明している。CCFF は適格企業の発行した CP を買い取るというものであるが，その資金は BOE の準備預金により賄われる。しかしながらBOE はここにおいて信用リスクは負わないというスキームとなっている。ただしこのスキームにおいても，BOE のバランスシートが拡大することは注目してよいであろう。

　講演の最後において，ブリハ委員は，今回 BOE が採用した種々の措置により，そのバランスシートが拡大したわけであるが，それらは財政ファイナンスにあたるのではないかとの議論に反論している。中央銀行が国債を購入すると，政府から金利の支払いを受ける一方，準備預金にたいして金利を支払う。中央銀行は政府所有（BOE は 100％）であるため，統合（ネット）コストは準備預金への付利部分となる。統合政府で考えるならば，長期金利が短期金利に代わっているとの説明を行っている。問題は，これらの措置が過剰であるか否かであるが，それについては水準がどうなればそう判断されるかはわからないとしている。ワイマール期のドイツやジンバブエのようなハイパーインフレーションとなれば，それは過剰であるといえるであろう。ここで重要なのは，誰がどのような目的で決定を下すかである。BOE（MPC）によるバランスシートの拡大は，そうしなければ経済が弱くなりインフレーション・ターゲットの目標を達成できないと考えたからである。もし，政府が財政目標を優先し，中央銀行の独立性を弱めるような対応した場合は，その危険は大きくなるが，今回の対応はそのようなものではないとの説明を行っている。

Ⅲ　政策ツールとしての中央銀行バランスシート

　前節で検討したブリハ MPC 委員のスピーチは，新型コロナ危機対応を契機として，BOE が量的緩和（大規模資産購入）の意義を従来よりも高く評価し，中央銀行のバランスシート政策の効果を積極的に認める内容のものであった。

　この評価は，2020 年 8 月に行われたジャクソンホール経済政策シンポジウム（リモート開催）における，BOE ベイリー総裁のスピーチ「政策ツールとしての中央銀行バランスシート：過去・現在・未来」（Bailey [2020]）でも同様である。本節においては，以下で，同じ題名で提出されたペーパー（Bailey et al [2020]）の内容を詳しく検討するとにより，BOE の見解の変化および今後の政策を展望することとしたい。

　まず同ペーパーは，イントロダクションにおいて，約 10 年前のグローバル金融危機（GFC）と今回の新型コロナ危機のショックの相違について述べたうえで，GFC により採用された政策ツールが，今次危機においても効果的に使用されたとし，ペーパーの概略を説明しているわけであるが，その中で「GFC 以前において銀行システムにより保有されていた高質の流動資産（HQLA）の量は不十分であった」（p.2：以下では煩雑を避けるため引用頁は示さず内容を紹介することとする）としていることは注目される。

　ペーパーの第 1 節は，「過去からの教訓」とされ，GFC 以降のBOE のバランスシート拡大の主な推進要因とその経済効果について概説するとされている。図表 1-6，1-7 は，BOE による量的緩和等の非伝統的金融政策の結果として BOE のバランスシートがどの

図表1-6 イングランド銀行の資産の推移

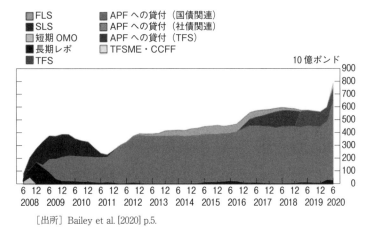

■FLS　　　■APFへの貸付（国債関連）
■SLS　　　■APFへの貸付（社債関連）
■短期OMO　■APFへの貸付（TFS）
■長期レポ　□TFSME・CCFF
■TFS

［出所］Bailey et al. [2020] p.5.

図表1-7 イングランド銀行の負債の推移

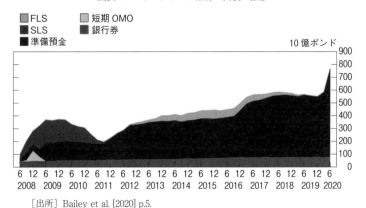

■FLS　　　■短期OMO
■SLS　　　■銀行券
■準備預金

［出所］Bailey et al. [2020] p.5.

ように変化したのかをみたものであるが，資産側では子会社の
APF（実際に国債等の購入を行う）への貸付金がほとんどであり，
これを支える負債は準備預金であることがわかる。BOEの量的緩

図表 1-8　イングランド銀行の QE の推移（単位：10 億ポンド）

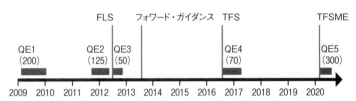

［出所］Bailey et al. [2020] p.6.

和の特徴のひとつは，毎月の資産購入額を公表し実行するのではな
しに，資産購入の上限額を公表しそれに向けて資産購入を行い，上
限に達して以降は償還分の再投資を行うのみであるということにあ
る。図表 1-8 は，2009 年以降の BOE の量的緩和の推移をみたもの
であるが，時期的には当初の QE1（2009 年）から今次新型コロナ
危機対応の QE5（2020 年）に分けることできることがわかる。こ
れをみると QE5 は，最大規模（3,000 億ポンド）であり，短期間で
大量の資産購入が行われたことがわかる。

　同ペーパーは，この量的緩和は BOE だけでなくヨーロッパ中央
銀行（ECB），連邦準備制度（FRB），日本銀行等も行ってきている
わけであるが，その理論的根拠とマクロ経済効果に関する実証的証
拠に関する研究が蓄積されてきているとしている。

　そこでまずは，「理論的面における QE のマクロ経済的インパク
ト」において，かつての研究は QE の効果に懐疑的なものが多かっ
たが，近年の研究においては QE がマクロ経済効果をもたらす理論
的枠組みが確立されたと評価している。QE の効果として認められ
るのは，① シグナリング，② ポートフォリオ・リバランス・チャ
ネル，③ 市場流動性関連である。そしてこれらの効果は，相互に
排他的ではないとの評価を行っている。

　同ペーパーは，QE の ① シグナリング・チャネルは，それがな
かった場合よりも長期にわたり金利を低く抑えるコミットメント類
似のものがあるとしている。さらに ② ポートフォリオ・リバラン
ス・チャネルについても，多くの文献を挙げ，肯定的な評価を行っ
ている[5]。そして ③ 流動性チャネルについては，特定の市場にお
ける取引を促進するものであり，これは 2009 年に BOE が民間部
門の資産（社債・CP 等）を購入する際に重要であったとの評価をし
ており，これは信用緩和的効果であるとみなすことができよう。全
体として，同ペーパーは，QE についてのバーナンキの「QE は理
論的には有効かどうかはわからない」という有名なフレーズを否定
しているといってよいであろう。

　同ペーパーが次に検討しているのが「実際の QE の効果」であ
る。これはバーナンキの前述のフレーズの後半である「しかし QE
は実際には効果がある」というのを，実証研究により明らかにされ
たものとして支持している。

　まず，QE の実際の効果として広範にコンセンサスが得られてい
るものとしては，国債利回りの低下を挙げている。イギリスについ
ては QE1 および QE2 において，それぞれイールドカーブを 50-
100bp 引き下げる効果があったとしている[6]。さらに QE は，より
一般的な金融状況の緩和効果があったとの研究が多いともしてい
る。一方で，QE の銀行貸出に与えた効果については，研究の結論
は様々であるとしている。ただし，QE に関する多くの研究は，そ
の金利，金融市場の変数，資産価格等への影響を検証しているが，
GDP であるとかインフレに与える影響の研究は少ないともしてい
る。だだ少数の研究は，QE のマクロ経済に与えたポジティブな影
響はあるとしており，GFC の負の影響を相殺する方向に働いたと

していることを指摘している。

　同ペーパーは，これに続けて持続的な QE のトランスミッションの証拠について検討している。一部の研究においては，①危機を脱出して以降の QE の効果は大幅に減少した，もしくは，② QE の金融市場に与える効果は一時的なものに過ぎないという理由で，QE はマクロ経済に持続的な効果をもたらすものではないと評価されていることを紹介したうえで，これにたいして反論を加えている。

　すなわち危機を脱出して以降においても，QE への期待を管理することは，国債のイールドにたいする影響力があるとしているのである。さらには，危機脱出後のポートフォリオ・リバランス効果についても，これを認める研究の存在を指摘している。そしてそれらが実体経済にこの時期においてもプラスの効果をもたらしたとの研究についても紹介している[7]。ただし，QE のどのチャネルが，どのような状況でどのように効果を挙げているかについての証拠は明確ではないとの限定は付けている。

　次に，同ペーパーは，QE（量的緩和＝大規模資産購入）を支える準備預金の役割について検討している。QE の副産物としての準備預金の大規模な創造は，その量自体が全体的な金融政策のスタンスを表すものではないとしている。ここでは「貨幣乗数」モデルを否定したうえで，金融政策のスタンスとしての量的尺度として重要なものは，広義貨幣ないしは銀行貸出であると確認している。もっとも，準備預金の金融の安定性に果たす役割については軽視されるべきではないとし，準備預金の創造によりそれへの需要を満たすことは重要であるとしている。さらには GFC の経験は，銀行システムに流動性を供給する中央銀行の重要性を再確認させるとともに，こ

図表 1-9　イングランド銀行のバランスシートの歴史的推移

［出所］Bailey et al. [2020] p.14.

こでもそれ以前においては銀行システムが保有する高質の流動資産
（HQLA）の量は不十分であったとし，その保険的価値を強調してい
る。このことは GFC 後においては，商業銀行システムの準備預
金需要が高止まりしたままとなることを示唆していると指摘してい
る。

　同ペーパーの第 2 節の表題は「現状からの教訓」であり，まず
BOE のバランスシートが，危機対応後の 3 か月間で 3 分の 1 程度
拡大し，2020 年末までに GDP 比で 40％強に達すると予測されて
いるとしている。図表 1-9 は，BOE のバランスシート規模の対

GDP 比を歴史的にみたものであるが，現時点のそれは史上最大であることを認めている。そして他の中央銀行もまたバランスシートを拡大させていることから，今次危機は中央銀行のバランスシートと，より広範な政策ツールキットとの間の相互作用に関する追加の教訓を提供するとしている。

2020 年 3 月に発生した事態を，ブリハ委員の講演と同様に「現金へのダッシュ」と表現し，ここにおける適切な対応（主としてQE の拡大）が金融市場を安定化させたと評価している。QE の量および速度，TFSME についてもブリハ委員の講演とほぼ同様の説明を行ったうえで，今次危機対応の特徴点として，① ドルスワップの国際協調，② イギリスにおいては，新たな流動性供給手段としての条件付きタームレポファシリティ（CTRF）の導入等が行われたことを挙げている。さらに，政府のコロナ対策の特別貸付ファシリティ（CCFF）についても，BOE が協力してこれを行ったことについても説明している。

この 2020 年 3 月以降の BOE の対応の観察から，市場機能が不全の時期においては，①「QE を大規模に行うこと」は，特に有効であること，および ②「QE を急速度で行うこと」はその有効性を高めることが明らかとなり，さらに ③ QE の役割はシステムのどこで流動性ストレスが発生するかによって異なることが明らかになったと同ペーパーは指摘している。

まず ① の市場機能が不全の時期における「QE を大規模に行うこと」の効果については，流動性効果を指摘している。QE が状況依存的であることは，最近明らかとなったわけではないし，限られたサンプルからは市場が機能不全の状況で QE を大規模に行うことの効果が本当にあるかについては不明瞭であるものの，政策金利

図表 1-10 英国国債市場の市場流動性

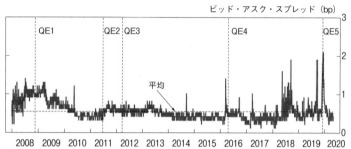

[出所] Bailey et al. [2020] p.20.

（短期金利）の変化よりもそれが大きな効果を持つこと（ポートフォリオ・リバランスおよび流動性チャネルに関して）はありうるとしているのである。

　図表 1-10 は，英国国債の 10 年物のビッド・アスク・スプレッドの変化をみたものであるが（年次は半年程前ずれしているように思われるが，原資料のママで掲載する），まずは QE1 のアナウンスメントの時期においては，市場の機能不全は国債市場に集中していたわけではなく，ABS，銀行の資金調達，社債等の市場において深刻なストレスが生じていたと指摘している。しかしながら，QE2・3・4 がアナウンスされた時期においては市場機能は比較的正常であったものの，今次新型コロナ危機においては，「現金へのダッシュ」が生じたために，英国国債のビッド・アスク・スプレッドは前例のない水準まで跳ね上がったことが分かるとしている。

　次に示されているのが図表 1-11 であり，この図表は y 軸が各 QE のラウンド毎の 10 年国債のイールドの変化（発表後 2 日間），x 軸が各発表時点における市場の機能不全の程度（パーセンタイル順

図表 1-11   QE の国債利回り，市場流動性，量的サプライズのインパクト

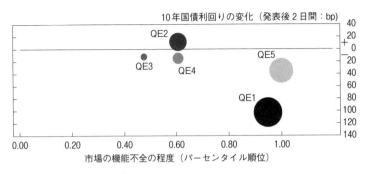

位 0.00-1.00：図表 1-10 のビット・アスク・スプレッドに基づく），円形の大きさが QE の量的面でのサプライズが表されたものであると説明されている。これによれば，円形が大きく，国債イールドが低下しているのが QE1 および QE5 である。QE1 の国債イールドの大幅な低下は，それが QE の初めての導入であったことと国債イールドが当時において高かったことが反映している。また，QE1 と QE5 は，その規模が大きく，これらの時期が市場の機能不全が大きかった時期であることが表れたものと説明されている。したがって，これらの観察から，市場の機能不全の時期において QE が大規模に行われることが効果的である可能性が高いと結論づけられるとしている。

　同ペーパーが，QE の規模と同様に重視しているのが，そのスピードである。これは，若干の説明が必要であろう。BOE の QE の特徴のひとつは，それが購入上限（残高ベース）が目標値とされていることである。したがって緩和の追加とは，購入上限を変更するということであり，その条件の下で BOE（APF）がどのように

国債等を購入するかは月にどれだけという具合には決定されていないのである。

　BOE の金融政策委員会（MPC）は，2020 年 3 月 19 日に，APF による国債等の資産買取枠（残高）の上限を一挙に 2,000 億ポンド増額するという決定を下した。同ペーパーは，QE の有効性の決定にとって資産購入のペースの役割は何かという問いを設定している。この点については，よく分からない点は多いものの，市場にストレスが生じている際には，資産購入のペースを速くするということは追加的な意味があるのではとしている。実際，3 月の MPC の決定後において，APF は毎週 135 億ポンドの資産購入を行ったわけであるが，これは QE1 のアナウンスメント後のペースの 2 倍以上であった。

　この資産購入ペースの速さが，市場が機能不全を起こしている際に，QE の伝播についての追加的な効果を発生させているだろうというのが同ペーパーの立場である。資産購入を高速で行うというアナウンスメントおよび実施により，国債のイールドは低下し市場機能はすぐに正常化したというのが同ペーパーの立場である。当然，MPC（APF）の行動が違うものであったなら，市場のコンディションがどうなっていたのかは分からないということは認めつつも，市場の機能不全はスパイラル的に悪化していたかもしれないとしているのであるが，これがうまく論証できてはいない印象がある。ただ 2020 年 6 月の MPC の資産購入上限の 1,000 億ポンドの引上げは，インフレーション・ターゲットを達成するために必要なマクロ経済的な刺激を与えることを目的としたわけであり，その購入ペースは 3 月よりは緩やかなものであり，この辺を考慮に入れるならば，現場感覚的なものといえるかもしれない。

これに続けて，同ペーパーは③ QE の役割はシステムのどこで流動性ストレスが発生するかによって異なるという点について検討している。2020 年 3 月に発生した事態は，すなわち「現金へのダッシュ」は，国債市場における投資家に発生した事態であった。GFC の時期とは異なり，商業銀行に大きな流動性危機は生じていなかったわけであるが，BOE はこの際においても QE を拡大させたことにより市場の機能不全を防ぐことができたと自己評価しているのである。

過去，現在に続く同ペーパーの第 3 節の表題は「未来への教訓」となっている。この節においては，まず 2 つの問題点が検討されている。その第 1 は，カウンターシクリカルな政策ツールとしての中央銀行バランスシートである。

政策金利をカウンターシクリカルに変化させることは，これまで行われてきたことではあるが，中央銀行のバランスシートを同様に変化させることの当否については，必ずしも十分なコンセンサスが得られていないことは，同ペーパーにおいても認めてはいる。しかしながら，市場の機能不全の時期には，流動性需要を満たすためにオペレーションによっても資金が供給され（バランスシートは拡大），マーケットが落ち着いた際にはそれらは返済されることとなる（バランスシートは縮小）。そして QE を通じて供給された準備預金の増加は，銀行システムにおける流動性ニーズを満たすのに役立った可能性があると，同ペーパーは指摘している。

そして危機の時期においては，政策の余地を残すようなことはすべきではなく，中央銀行は積極的に資産（国債）を購入すべきであるとしている。将来の QE 政策の余地を残すようなことは，中央銀行が国債のストックの圧倒的な部分を保有している場合にのみ問題

となると指摘している。ただし，それ以前のQEの巻き戻しは，政策金利がある水準に達するまでは開始されず，そしてその水準に達する以前にネガティブなショックが発生した場合には，政策金利は下方に押し戻され，場合によっては追加のQEが必要とされるとしている。QEのこのような極端な持続は，長期にわたる保有資産のラチェットアップ（戻らないこと）につながる可能性のあることを同ペーパーは認めている。これは，均衡実質金利が長期間低いままである場合に起こるとしている。

BOEのMPCは，2018年6月に政策金利が1.5％に達して以降にQEの残高の削減を開始することが適当であると表明した。しかし同ペーパーは明確ではないものの，正常化のプロセスにおける適切なポリシーミックスは，以前に考えられていたよりも少し変化している（more nuanced）としている。

「未来への教訓」の第2は，オペレーションの枠組みのデザインの意味することである。BOEがそのバランスシート調整を長期的観点からどのように行うべきと考えているかがまず示されている。その第1は，QEの結果としての資産のストックは，インフレーション・ターゲットを達成するための金融情勢についてのMPCの判断に基づき決定されるべきということである。そして第2は，商業銀行のリスク選好の変化と流動性に関する健全性規制の変化は，商業銀行システムの準備需要を，GFC以前に観察されたものよりは大きなものとしているのではないかということである。これらから，金融政策運営の枠組みとして望ましい姿は，金融政策目的で保有する資産のストックを調整する決定とは独立に，金融安定目的で最低レベルの準備が要請されることを示しているとしている。

これが「好適最小準備レンジ（PMRR）」とされるもので，その

図表 1-12　準備需要と PMRR

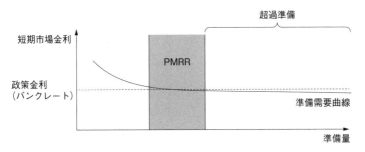

[出所] Bailey et al. [2020] p.30.

範囲と準備の需要曲線等との関連は図表1-12に示されている[8]。これはいわば平時における姿であり，その時点の BOE のバランスシートは現在の水準よりは小さいであろうが，かといって GFC 以前のレジームに戻るわけではないとしている。これは注目すべき点であり，出口後の定常状態はかつてにおけるものではないと明言しているのである。これらの準備供給は，種々の公開市場操作（OMO）により行われるわけであるが，これによる準備の取得は商業銀行にとってバランスシートコストがかかるとも同ペーパーは説明している。

　このレジームにおいても追加的準備需要があれば供給されるし，代替的アプローチとして平時においても PMRR を超える準備を超える供給を行うことは可能であると，同ペーパーは指摘している。QE の経験は，超過準備があっても金利のコントロールは可能であることを明らかにしたというのである。さらに金融の安定の観点からも，平時においても中央銀行は超過準備を供給し，大きなバランスシートを維持する議論があるとの紹介も行っている[9]。

　ただし，同ペーパーは，この種の議論のリスクについても指摘し

図表 1-13　バランスシート調整の類型

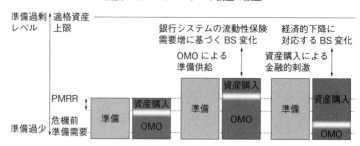

[出所] Bailey et al. [2020] p.33.

ている。銀行システムにおける流動性の増加は，国債という流動資
産への他の経済主体のアクセスを難しくする可能性があることを指
摘している。また，2020 年 3 月の経験は，平時における超過準備
の供給が，ストレスが発生した時期における広範な金融市場におけ
る流動性を保証するわけではないことについても指摘している。

　平時の BOE のバランスシートの状態をまとめたのが図表 1-13
（左側の BS）である。これによると GFC そして新型コロナ危機を
経た後においては，銀行システムの準備需要はかつてより大幅に高
くなり，これを反映して BOE のバランスシートも大きなものと
なっている。準備預金が PMRR の下限を下回った場合には，先に
示した図表 1-12 からわかるように短期金利の急上昇等が発生し，
金融の安定性への懸念が強まるとしている。

　当然のことながら BOE の資産購入には上限があるが，市場の機
能不全等に対応するために BOE がそのバランスシートを拡大する
場合には，2 つのシナリオが存在すると，同ペーパーは指摘してい
る（図表 1-13）。シナリオ A（図表 1-13 の中央の BS）は，商業銀行
システムにおいて流動性需要が急に高まった場合である。これは市

場の信頼が損なわれるような事態が発生した場合や特定の金融機関が危機に陥ったケースであろう。このような場合には，BOEはOMOや流動性ファシリティにより流動性を供給するとしている。シナリオB（図表1-13の右側のBS）は，経済の先行きがさらなる資産購入を正当化するとBOE（MPC）が判断した場合を表している。QEの副作用としては超過準備（PMRRを超える準備）が長期にわたり継続することではあるが，この場合においても準備預金への付利（政策金利）によりBOEは短期金利をコントロールすることができる。BOE（MPC）がQEを縮小するのが適当と判断した場合には，満期到来債券分を再投資しないことや資産売却により，システムを平時の状態に戻すことができると説明されている。

　以上が，同ペーパーによる，中央銀行のバランスシートをカウンターシクリカルに動かすことによる新しい金融政策による枠組みであるが，これはその他の代替案に比べてロバストであるとの自己評価を行っていることは注目される。また，これにより過去において出口を模索していた（APFの解散：もちろん解散した後でもBOE本体による資産購入は可能）BOEが，その可能性についてはとりあえず放棄したものとみなせるであろう。新型コロナ危機対応は，BOEのスタンスを大きく変えることとなったといえるのである。

● おわりにかえて：金融政策版「底辺への競争」は何をもたらすのか？

　以上で，BOEの新型コロナ危機対応とそこからバランスシート政策が変化したことをブリハMPC委員の講演およびベイリー総裁等の論文を中心にみてきた。かつての通常の出口，すなわち金利が

ある程度のプラスの値をとり，超過準備が解消することを目指して
いた BOE の姿はそこにはみられない。2020 年 3 月の 2 回の政策金
利の引下げの間にベイリー総裁の就任があり，2 度目の利下げ時に
QE の大幅拡大があったことから，BOE の変化は新総裁の就任と
ともに開始され，出口政策もそこにおいて変化したとみなせそうで
はある。

　しかし注 8) で示したように，新型コロナ危機以前の 2018 年 8
月の段階で「イングランド銀行の将来のバランスシートと金利コン
トロールの枠組み」(BOE [2020]) というディスカッションペーパー
においては，BOE の将来のバランスシートの大きさは GFC 以前よ
りは大きくならざるをえないとの考え方が示され，この点等につい
てパブリックコメントを求めていた。さらに，2019 年 7 月の段階
においてハウザー理事の「出口を展望して：QT とイングランド銀
行の長期的バランスシート」(Hauser [2019]) と題する講演において
は既に PMRR という概念は提示され，ここでも将来的なバランス
シートは GFC 以前よりも大きくならざるをえないとの見通しが示
されている。

　しかしこのディスカッションペーパーは，BOE の QE の出発点
であった 0.5％という政策金利から 0.75％への 0.25％の引上げが行
われた時点（金利面では出口の端緒と思われた）において発表された
ものであり，ハウザー理事の講演が行われたのも政策金利が 0.75％
の時期であった。この両者の位置づけについては本書の第 2 章にお
いて検討することとしたいが，新型コロナ危機対応は，BOE の
QE への見解をはっきりと変えたことは間違いないであろう。

　問題は，このような見解のもとで展開される金融政策にリスクは
ないのだろうかということである。GFC 以前の BOE の金融調節の

基本的な姿（2006 年 5 月に制定）は，積み期間（約 1 か月）の直前に
対象金融機関が期中準備額（平残：対象預金残高の 2%が上限）を自
己申告し，マクロベースでは BOE はこれを 100%となるように供
給するというものであった。その供給の中心は期間 1 週間の短期レ
ポオペであり，その際に適用される金利が政策金利とされていた。
申告準備額を上下 1%の範囲で遵守した金融機関には，その準備預
金に政策金利による付利が約束されていた（正確にはこの準備預金
への付利金利が政策金利）。1 週間より短い短期金利については，政
策金利の上下に設定されるスタンディング・ファシリティ金利によ
り形成されるコリドー内に収まるように誘導されるというもので
あった。

　現時点での BOE の見解は，この体制下における金融機関の準備
需要は過小であったというものであるが，これについては本当であ
ろうかという思いを持たざるをえない。そもそもゼロリザーブで
あったのを完全後積みの自主申告方式（上限 2%）とした BOE が，
その制限を外し QE を採用，そして一時は出口を展望していたもの
の，コロナショックを経て別次元の場所へ行ってしまい，それを正
当化しようとしているだけにも思われるのである。

　金融政策等の経済政策は，政策担当者がその時点ではベストと思
われる選択をしたとしても，結果的に不均衡を累積させることとな
り，それが将来の大きな混乱の原因となるということはありうるこ
とである。近年の各国中央銀行の金融政策は国内政策（資産価格対
策がそのほとんどであるが）といいつつも為替戦争を背後に持つもの
であり，法人税引下げ競争等の底辺への競争の金融政策版ともみな
せるのである。そもそもかつての法人税率は高すぎたというのは本
当なのであろうか。ついでながらかつての所得税の最高税率が高す

ぎたのは本当なのだろうか。これらに関する底辺への競争がそうした意識を蔓延させただけではないのだろうかというのと同様の感想を各国金融政策の近年の状況には持たざるをえないのである。

　ジョン・ケイは，著書『金融に未来はあるか』の第Ⅰ部「金融化―異世界のはじまり」において，2005年のジャクソンホール・シンポジウムにおけるコーンFRB副議長（当時）の講演や2006年のバーナンキFRB議長（当時）の講演において，金融機関のリスク管理能力の前進を称賛し，それにより金融システムの抵抗力が高まったことを宣言したことについて「度肝を抜くスケールの認識ミス」（ケイ［2017］43頁）と非難した。そして同書の最後においては，「中央銀行の金融政策は，資産価格を押し上げることを通じて過去の蓄財で楽に暮らせる連中に報い，働いて口を糊する人々を犠牲にしている」（同341頁）と非難し，「現在の政策の軌跡を見ると，金融危機の深刻度が徐々に増しているという特徴が認められる。このことは必ずしも，危機が1回ごとに，前回よりも深刻なものになるであろうことを意味しない。基調としての深刻さの度合いが増しているということだ」（同351頁）と興味深い指摘をしている。資本主義はGFCそして新型コロナ危機という2度の危機を経て，金融化から新たな段階へとの転機を迎えているのかもしれない。BOEの政策転換は，その象徴かもしれないのである。

注
1）リーマン・ショック後のBOEの金融政策について詳しくは，斉藤［2015］および斉藤・髙橋［2020］を参照されたい。
2）正確にはFLSは金融機関にTBを低手数料で貸出す制度である。FLSについて詳しくは斉藤・髙橋［2020］第2章を参照されたい。
3）BOEの従来の量的緩和の効果の説明は，機関投資家の社債等の購入（国

　債売却資金による）により社債価格等の上昇（金利低下）といった，それ
ほど大きな効果があるとはいえないものであるというものであった（斉藤
［2015］参照）。

4 ）なお日本でも国債整理基金特別会計の基金残高が 2012 年度までは 10 兆
円程度が維持されてきたが，2013 年度以降は 3 兆円程度まで圧縮された。
その際にオペレーショナルリスク対策として，日本銀行からの一時借り入
れが制度上は可能となった。

5 ）Bernanke [2010], Brainard and Tobin [1963] 等を参照。

6 ）Joyce et al. [2011], Haldane et al. [2016], Christensen and Rudebusch
[2012] を参照。

7 ）Bernanke [2020] を参照。

8 ）PMRR という概念は，2019 年 7 月の段階でハウザー理事のスピーチ
（Hauser [2019]）において提示されている。なお，それ以前にも，GFC の
後においては BOE のバランスシートの規模は，従前よりも大きくならざ
るをえないとのディスカッションペーパー（Bank of England [2018]）が
2018 年 8 月段階で発表されている。

9 ）Greenwood et al [2016] を参照。

10）以前の BOE の出口政策および見通しについては，斉藤・髙橋［2020］
の第 3 章を参照されたい。

第2章

イングランド銀行によるバランスシート政策の発見

● はじめに

　第 1 章では，イングランド銀行（BOE）の新型コロナ危機対策の内容を検討した。2020 年 3 月のベイリー新総裁就任直後において BOE は，量的緩和（QE）の急拡大を決定し，大規模かつ急速度の資産購入を行ったが，これは市場の安定に寄与したと自己評価している。BOE は，ここから QE には理論的面からも実証面からも効果があるという研究が多いとし，さらに従来の出口政策を修正し，正常化後においても BOE のバランスシートは以前の水準に戻るわけではなく，市中金融機関の準備需要の増加もあり，それはかなり大きなものとなるとした。そして危機対応として中央銀行のバランスシートをカウンターシクリカルに動かすことの効果についても肯定的に評価していることを紹介した。

　ただ出口政策の変化については，ベイリー新総裁就任後に急に方針転換されたものであるとは必ずしもいえない。2018 年 8 月に公表された「イングランド銀行の将来バランスシートと金利コントロールの枠組み」（BOE [2018]）と題するディスカッションペーパー（無署名）と 2019 年 7 月のハウザー理事の「待たれる出口：QT とイングランド銀行の長期的バランスシート」（Hauser [2019]）と題する講演において，一定程度示されている。本章においては，以下で前記のディスカッションペーパーおよび講演について検討し，BOE の出口政策の変化およびバランスシート政策がどのように変化したかについて考察することとしたい。

イングランド銀行の金融調節の枠組みの推移

　BOE は，2006 年 5 月にその金融調節の枠組みを大きく変化させた。それ以前の金融調節方式は，ゼロリザーブ制度であり，金融機関は決済に必要な準備を保有してはいたものの，大枠としては残高をマイナスとはしない同時積み方式であり，資金供給は基本的に 2 週間物のレポオペにより行われていた（1996 年以降）。新方式はこれを変更し，積み期間の直前に金融機関に準備額（平残ベース）を申告させ，これを合算したマクロ的な準備量については期中（約 1 か月）平残ベースで 100％供給することを約束するというものであった[1]。

　金融機関は，期中の準備額については自己申告であるから，教科書的な準備率操作という概念はここには存在しない。なお，その際の準備額の上限は基準日（積み期間の直前）の残高の 2％とされていた。このシステムによる準備需要そして準備供給が，2010 年代末においては過少であったと BOE 自身により評価されることとなったのであるが，ここではこの点にはこれ以上立ち入らないこととする。

　それまで，ゼロリザーブであったものを，準備を強制する制度に変更することもあり，制度変更時に BOE は準備預金については付利を行うこととした。そして政策金利（バンクレート）とは，この準備預金への付利金利とされたのであったが，この政策金利は主たる資金供給手段であった期間 1 週間の短期レポオペの金利とされた。その意味で BOE の政策金利の期間は 1 週間といわれたわけではあるが，これは必ずしも正確ないい方ではない。準備預金は要求

払いであるからである。

　それはともかくとして，マクロベースでは100％の準備供給を行ったとしても，個別金融機関ベース（ミクロ）においては過少準備となる場合もあれば過剰準備となることはありうることである。ただしBOEとしては，これにはペナルティを課すこととしていた。その内容は，申告残高を下方にも上方にも1％以上外れた場合には，準備預金への付利は行わないというものであった。そしてそれを防ぐための制度として，スタンディング・ファシリティ（預金ファシリティおよび貸出ファシリティ）を設けたのであった。過少準備となりそうな金融機関は，貸出ファシリティを利用（この他，ファインチューニング・オペも利用可能）することにより，それを解消することができる。一方，過剰準備となりそうな金融機関は，預金ファシリティに預入することによりペナルティを避けることができるのである。

　このスタンディング・ファシリティ金利は，政策金利比で貸出ファシリティがプラス100bp（政策金利が1％以下の場合は，その2倍），預金ファシリティがマイナス100bp（政策金利が1％以下の場合は，0％）とされていた。BOEとしては，これらの制度によりオーバーナイト金利等の1週間以下の短期金利を政策金利上下100bp内に誘導することが可能であり，これら金利のボラティリティを従前の制度よりも小さくできると自己評価していた。そしてこの預金ファシリティ金利と貸出ファシリティ金利の間に短期金利を誘導するシステムのことは，廊下になぞらえてコリドーシステムと呼ばれたのであった。

　ところでこの枠組みの特徴は，過少準備供給状態とはしないだけでなく，超過準備供給が不可能な制度設計となっていたことであっ

た。しかし，この枠組みは制度変更後1年と少し経っただけの2007年9月のノーザンロック危機において崩れてしまった。ノーザンロック危機とは，住宅金融組合から銀行転換後に急成長したノーザンロックが，資金調達面でホールセール資金や証券化（MBS）に頼っていたのが，同年8月のパリバショックの余波から流動性危機に陥った事件である。

　BOEは，危機対応として過少準備状態のノーザンロックに資金供給を行ったわけであるが，このことはインターバンク市場で本来的には供給する部分があったわけであるから，他の金融機関に超過準備が発生することを意味した。そうすると超過準備を保有する金融機関にはペナルティが発生してしまうこととなる。これは当然ながらBOEの望むところではなく，これへの対応としてはBOEは準備預金の付利範囲を通常の上下1%から大幅に拡大することで対応した。

　この枠組みは，2009年3月の量的緩和（QE）政策の採用とともに廃棄された。この時点で政策金利は0.5%に引き下げられるとともに，準備預金の全額に政策金利による付利がなされることとなった。この政策金利の0.5%という水準は，QE採用時のBOEの政策金利のとりあえずの最低水準とされ，実際にもその後長期間継続した。また，QEと準備預金への全額付利という枠組みのもとでは，預金ファシリティとその金利は意味を失うこととなった。政策金利（準備預金の付利金利）は，オーバーナイト金利等のフロア金利として機能することとなっている（フロアシステム）[2]。

　ところでQE導入後において，BOE（QEの実際の運用は子会社の「資産購入ファシリティ（APF）」により行われてきている）による資産購入額の上限については引上げが行われたが，2016年6月ま

で 0.5％の水準が維持されていた。また，資産購入額の上限につい
ても，2012 年 7 月の引上げ（上限 3,750 億ポンド）以降はその水準
が維持されていた。このため 2013 年 2 月の『イングランド銀行四
季報』の論文（McLaren and Smith [2013]）においては，QE の出口
についてのメインシナリオが示された。それは 2016 年初めに政策
金利の引上げを開始し，同年後半には資産売却を開始し，2019 年
中には資産売却を完了し，APF は解散するというものであった[3]。

　しかしながら BOE は 2016 年前半において政策金利の引上げを
開始することはできなかった。それどころか，同年 2016 年 6 月の
イギリスの EU 離脱を問う国民投票の結果が「離脱賛成多数」と
なったことによる混乱への対処として同年 8 月に政策金利は 0.25％
引き下げられ，史上最低水準の 0.25％とされるとともに，QE の上
限も 700 億ポンド引き上げられ 4,450 億ポンドとされたのであっ
た。その後，イギリス経済・金融市場等の落ち着きを背景に，政策
金利は 2017 年 11 月に 0.25％の引上げが行われ，QE の基準値とも
いえる 0.5％に復帰した。さらに，BOE は 2018 年 8 月に政策金利
を 0.25％引上げ 0.75％とし，金利面においては出口を出たような外
観を呈していたのであった。そしてこの政策金利が 0.75％であった
時期に公表されたのが上記のディスカッションペーパー（BOE
[2018]）なのであり，そこでは BOE の出口戦略の変化が示されてい
たのであるが，次節においてはそれについて検討することとする。

 ## Ⅱ　ディスカッションペーパー「イングランド銀行の 将来バランスシートと金利コントロールの枠組み」

　2018 年 8 月に公表されたディスカッションペーパー「イングラ

ンド銀行の将来バランスシートと金利コントロールの枠組み」は，無署名ではあるが「序文」にブロードベント・ラムズデン両副総裁の署名があり，さらにパブリックコメントを求めるというものであった。「序文」では，2018年6月にBOEの金融政策委員会（MPC）が，資産規模の減少を開始する政策金利の水準を2％としていたのを，1.5％に変更したことを述べ，さらに短期金利コントロール方式としてフロアシステムはしばらく継続することを明らかとした。このことは市中金融機関の準備需要にたいして，政策金利により完全に供給することであると説明されている。そしてこの6月のMPCの議事録の「時間の経過とともに，イングランド銀行は準備需要，すなわち市場参加者の関与を含め，中期的にバランスシートのサイズの可能性についてさらに学ぶことを期待するようになった」との部分を紹介した。

　再度強調しておくが，この時期は政策金利が0.5％から引き上げられ0.75％となっていた時期のものであり，資産規模の削減を開始する1.5％との間のいわばのりしろは0.75％であった時期のものである。その意味で，この時期のディスカッションペーパーは，それが開始される以前において市場との会話を開始したいとの考えから公表されたものであり，パブリックコメントも求められたのである。その後の展開は，2020年に入り新型コロナ危機対応のために，3月には政策金利は2度にわたり引き下げられ，史上最低水準の0.1％となり，逆方向への動きとなり，QEの残高上限については3,000億ポンドの大幅引上げが行われたわけであるが，問題はこの段階（ペーパーの発表時期）でBOEの出口戦略の変化があったということであり，本章の問題意識もそこにあるわけである。

　以下で，ディスカッションペーパーの内容を検討することとする

が，全体は2節からなり第1節は「将来のAPFの残高縮小期間における短期金利のコントロールの枠組み」，第2節は「どのような要素が将来のイングランド銀行のバランスシートのサイズの影響を及ぼすのか」とされ，それぞれの節には3問ずつのパブリックコメントを求める質問が記されている。

　まず第1節の内容からみていくと，BOEのポンド建て短期金融市場におけるオペレーションについては，スターリング・マネタリー・フレームワーク（SMF）として知られているが，それの経緯についてまず説明している。その内容は，2006年以前においては参加者（市中金融機関）は最小限の，付利されない準備バランスを保有しているのみであり，それらは主としてポンド建ての支払いの管理のために用いられていた。BOEは日中数度にわたり資金供給を行っていた。このシステムにおいては，市場参加者は営業日の終了間際の時点において予期せぬ流動性の流出に見舞われることがあり，このためオーバーナイト金利のボラティリティは非常に大きかったと説明されている。

　このことが前節で紹介した2006年の金融調節の枠組みの変更の理由であったわけであるが，とりあえずは短期金利のボラティリティは低下した（図表2-1）。この期中平残維持，準備預金への付利システムの下でBOEは参加者が必要とする準備供給を行った。しかし，金融危機時には参加者間で流動性を融通し合うシステムは動揺し，これも前述したがBOEは準備預金制度のフレキシブルな運用を行ったが，短期金利のボラティリティは高まることとなったと説明されている。

　2009年のQE導入後においては，準備預金の水準は主としてMPC（実行はAPF）による資産購入量により決定されるようになっ

図表2-1　短期金利とバンクレート

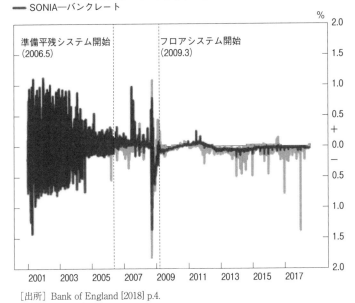

[出所] Bank of England [2018] p.4.

た。そしてすべての準備預金に政策金利で付利されるわけであるから短期金融市場金利は政策金利近傍で決定されるようになっている。これを BOE はフロアシステムと称しているのである。

　このフロアシステムの下で，BOE（APF）が資産購入残高を減少させる際に，BOE は以下の3点に留意するとしている。

① 　現在の枠組みは，政策金利に沿った市場金利を維持するのに効果的であることが証明されている。それは，大量の準備を供給し，それらすべてに政策金利で付利することにより達成されている。

②　現在のフロアシステムの重要な要素を維持することは，SMF
　　参加者と BOE の両者に運用の継続性と簡素化を提供する。
③　提案されているフロアシステムの変種は，以前のコリドーシス
　　テムよりも，将来の幅広い経済シナリオにたいして堅牢である。
　　特に，準備の供給が，将来の資産購入または BOE の流動性保険
　　ファシリティによるかどうかにかかわらず，政策関連で増加した
　　場合でも，それは引き続き有効である。

　　要するに，APF の資産残高が減少したとしても，しばらくはフ
ロアシステムは有効であるということであるが，一定程度まで減少
した場合には短期金融市場金利が政策金利を上回る可能性があるこ
とは認めている。その場合には，BOE は SMF 参加者の追加的準
備需要にたいしては通常の OMO による供給を行うとしている。こ
の資金供給は高品質の担保（レベル A）にたいして政策金利により
行われ，また，すべての準備に政策金利による付利が行われるとい
うシステムは維持されるとしている。そして，市中金融機関の準備
需要が，BOE のバランスシートのサイズを決定する主要因である
としている。

　　この後，同ディスカッションペーパーは，3 つの質問を挙げてい
るが，これについては本節の最後でまとめて検討することとした
い。

　　次に，ディスカッションペーパーの第 2 節の内容であるが，これ
は準備需要と BOE のバランスシートのサイズの間の関係が，どの
ように変化するかを考察したものである。銀行の構造・規制・行動
の変化から，将来的に準備需要がどう変化するかを予測するのは難
しいと，同ペーパーは表明している。

　　将来的に BOE の資産規模が縮小に向かう場合（当時においてはこ

のように予想されていた），そのバランスシートの規模は，SMF 参
加者の準備需要のレベルおよび流通銀行券量，すなわち BOE の負
債にたいする需要により決定されるとしている。そしてここで注目
されるのが，金融機関の準備需要について，金融危機以前よりも構
造的に増加しているとしている点であり，さらに銀行券発行残高に
ついても増加してきているとしている。

　このうち準備需要については，金融機関は金融危機以前よりも流
動性バッファーを大幅に多く保有しているとしている。これは危機
後において流動性規制（健全性目的）が導入されたことと金融機関
自身が流動性リスク対応のための自己保険を望んだことが影響して
いると説明している。そして最も重要なこととしてバーゼルⅢの流
動性カバレッジレシオ（LCR）規制を挙げている。この規制は，ほ
ぼすべての SMF 参加者に，30 日間にわたる資金流出をカバーする
ための高品質流動資産（HQLA）を保有することにより，種々の流
動性リスクに対応するための事前的保険を要求しているのである。
このことは金融機関の資金調達および資産構成に大きな影響を与え
たとしている。図表 2-2 で 2007 年と 2017 年を比較するならば，金
融機関の短期のホールセール資金調達比率は大きく低下する一方
で，総資産対比での流動性資産比率は大きく上昇しているのであ
る。

　中央銀行準備預金は，銀行にとっての最も流動的な資産である
が，BOE による資産購入により近年の大量供給がなされているも
のである。また，BOE は SMF 参加者を増加させてきており，
2008 年の 43 から 2018 年の 194 へと準備預金口座の保有機関が増
加している。これは，BOE が取引相手を銀行・住宅金融組合のみ
から，投資関連業者やセントラル・カウンター・パーティーにも拡

図表 2-2　流動資産と資金調達

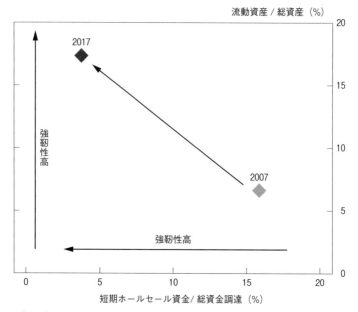

流動資産 / 総資産　（％）

短期ホールセール資金 / 総資産金調達　（％）

［出所］Bank of England [2018] p.10.

大したことによっている。同ペーパーの公表時点において，これら
の新規参入者は全準備預金の約３分の１を保有しており，その面で
も準備需要は拡大しているということであろう。そのため，BOE
としては準備の望ましい水準は，大規模資産購入とは無関係に増加
した可能性があるとの見解を表明している。

　その準備預金への総体的な需要は，時期によって異なり，金融機
関の流動性需要一般の変化と大きく関連していると同ペーパーは指
摘している。流動性資産需要に影響を与える構造的要因としては，
①SMF 参加者のリスク選好，② リスクが顕現化する可能性の認

識，③流動性資産ストックのサイズと性質，④将来的な関連金融セクターへの規制の動向を挙げている。SMF 参加者間においても準備預金への選好は異なるわけであり，それは金融機関のビジネスモデルの相違，バランスシートの構造，リスク選好等の影響を受けるとしている。特に大金融機関においては，イールドカーブの形状がポンド建て HQLA の一部としての準備預金への選好に影響を与えるとしている。

　また，BOE が SMF 参加者にどのような手段を用いて準備預金を供給するかも需要に影響すると指摘している。APF は買い切りの資産購入であり，OMO はレポ方式による供給であることから，取引方法は異なることとなる。そして両者は，会計処理方式および健全性規制面からも異なることとなる。これらが OMO により得られる準備預金への需要へ影響を及ぼす可能性を指摘しているのである。

　以上のことを指摘したうえで，同ペーパーは各節において 3 つずつの質問を提示し，それらにパブリックコメントを求めているわけであるが，以下ではそれらをまとめて紹介することとしたい。

質問1　OMO を介して供給される可能性のある BOE の準備預金のレベルに影響を与える運用上またはその他の考慮事項はあるか？　OMO の新しいプログラムは，BOE の既存の流動性ファシリティ（ILTR など）の需要にどのように影響するか？

質問2　ここで説明する運用フレームワークは，SMF 参加者の準備預金ポジションの日常的な管理にどのように影響するか？

質問3　ここで説明する運用フレームワークは，現在のフロアシステムと比較して，銀行間およびその他のマネーマーケット活動と価格設定にどのように影響するか？

質問4　BOE の準備預金にたいする需要の原動力は何であり，それらの相対的な重要性は何か。

　質問4a　日々の流動性ニーズの管理は，準備預金の需要にどのように影響するか？

　質問4b　健全性規制は準備預金の需要にどのように影響するか？

　質問4c　準備預金への需要は，他の資産で利用可能な相対的なリターンによってどのように影響を受けるか？

　質問4d　長期的に埋蔵量の需要を促進すると予想される構造的要因は何であるか？

質問5　OMO を介した準備預金の供給は，供給が主に資産の購入を介する現在のフレームワークと比較して，需要にどのように影響するか？

質問6　準備預金への予想される総需要を推定するためにどのようなアプローチを取ることができるか？

Ⅲ　講演「待たれる出口」

　前節で紹介したディスカッションペーパーおよびそこにおける質問へのパブリックコメントを反映したと思われる重要な講演が「はじめに」で紹介した 2019 年 7 月のハウザー理事の「待たれる出口：QT とイングランド銀行の長期的バランスシート」（Hauser [2019]）である。これもまた政策金利が新型コロナ危機以前の政策金利が0.75％の時期におけるものであったことは考慮に入れつつ，以下で紹介・検討することとしたい。

　まず，講演の冒頭において，同理事は，中央銀行のバランスシー

トについて，それが大きすぎるとするならば，金融市場の役割を奪い取り，イノベーションを阻害し，不健全な行動を助長すると非難されるとしている。さらに金融政策と財政政策の違いを不明瞭とし，「政治的階級にたいする危険な誘惑」を提供したり，準備保有者にさしてメリットのない金融的な報酬を与えると非難されるとしている。

　一方，それが小さすぎるとするならば，危機の時期においてBOE は動かないと非難されるとしている。すなわち，金融的な安定を維持するために経済にリスクフリーの資産を適切に供給する役割を果たせていないか，金融政策の伝播の有効性を阻害していると非難されるとしている。

　さらに同理事は，講演が行われた時期（新型コロナ危機以前の政策金利が0.75％であった時期）を反映して，量的緩和の巻き戻し（以後，QT）をどのように実施し，中期的にどのようなバランスシートの姿になることを予想しているかについて（QE の拡大ではなく）焦点を当てて話すとしている。この講演の 1 年前にディスカッションペーパーを公開し，中期目標のビジョンを公開した目的もそこにあるとしている。ここでは QT が実施されたとしても BOE のバランスシートは QE 開始前の水準まで小さくはならないであろうとの予測が示されている。

　講演は，以下で本論に入るわけであるが，まず「イングランド銀行のバランスシート：理論と実践」について語られている。BOE のバランスシートの負債項目のうちで重要なのは「中央銀行通貨＝銀行券＋準備預金」であり，それは金融上の安定と通貨の安定に寄与しているとしている。

　大規模資産購入により BOE のバランスシートは拡大したわけで

図表 2-3　現行フロアシステムの枠組み下の中央銀行準備市場

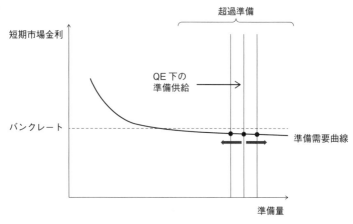

［出所］Hauser [2018] p.6.

あるが，それを可能にしたのは準備への需要が急増したことが要因
として挙げられるとしている。その具体的な内容としては，①
SMF を通じて BOE のバランスシートにアクセスできる金融機関
等の数が 2005 年の 17 から近年においては 200 超へと拡大している
こと，②SMF メンバーの流動性保有ターゲットが危機以降急拡大
していることが挙げられている。QE 開始後のいわゆるフロアシス
テムにおいては，準備供給もしくは需要にかかわらず，オーバーナ
イトレートは政策金利（バンクレート）近傍に誘導されているが，
この状態を示しているのが図表 2-3 である。また，実際の金利変動
（バンクレートと市場金利の差）も前掲の図表 2-1 でわかるとおり
QE 採用以後においてボラティリティが縮小している。QE 以前の
コリドーシステム（準備平残システム）においても準備量は安定は
していたが，準備需要の急増には対応ができなかったとしている。

同講演はこれに続けて「待たれる出口」という内容に入り，この部分はさらに３つに分かれている。その１つ目は「MPC の QT 戦略」である。当然のことながら，BOE のバランスシートの動向は MPC の戦略如何となる。MPC の QT 戦略は，① 政策金利がある水準（当時は 1.5%）となって以降においてのみ開始される，② 長期間かけて段階的に行われる，③ 債務管理庁（DMO）と連携をとって国債市場，社債市場の機能維持を考慮する，④ インフレーション・ターゲットを達成するため，それを修正ないしは逆転することもあるというものである。そして実際に，いつ QT が開始されるかについては，当時においては不明であるとしている。

　２つ目は，「QT の初期段階における政策目標の達成」である。QT がいつ開始されるかにかかわらず BOE にとって重要なこととして，短期金利を適切にコントロールし，バランスシートを柔軟に調整することが挙げられる。QT の初期段階においては，超過準備は存在し，フロアシステムは機能し続けると説明されている。もしこの段階で過少準備となってしまうのであれば短期金利は急上昇することになってしまうとしている（図表 2-4 参照）。

　３つ目は，「円滑な移行の保証」であり，このためには金融機関の準備保有の理由を知る必要があり，これを理解するために BOE としては先のディスカッションペーパーを公表し，金融機関からのヒアリングも行ったとしている。金融機関の準備保有動機は，① 日々の支払いのための準備，② 数日レベルでの流動性の流出のための保険，③ 他の流動資産対比での収益性を理由とするものの３つに大別される。このうち ② に関連しては，金融機関は規制により 30 日間にわたって予想される資金流失をカバーするための流動性の高い資産の保有することを義務づけられており，価値安定性の

図表 2-4 フロアシステム下の短期金利上昇圧力

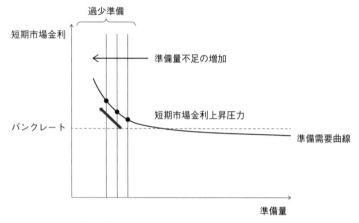

［出所］Hauser [2018] p.9.

観点から金融機関は準備預金を保有する需要が存在するとしている。これに ① を加えたものが「好適最小準備レンジ（PMRR）」と呼ぶべきものであり，その範囲は図表 2-5 に示されている。準備預金がこのレベルよりも小さくなるのであれば，短期金利は急上昇することになろうし，このレベル内に収まっていれば短期金利は政策金利近傍で安定するであろうとしている。

　このPMRRには，② の関連で不確実性にたいするバッファーが含まれるとし，③ に関連しては，将来的にはその他の流動資産から得られる収益率も大きく影響するとはしている。以上のことを勘案したうえで，2017 年夏時点で金融機関の推定 PMRR は，1,500-2,000 億ポンドであると推定している。その内訳としては基礎的PMRR が 1,200-1,600 億ポンド，バッファー PMRR が 300-900 億ポンドと推定している（図表 2-6）。

図表 2-5　好適最小準備レンジ（PMRR）の位置づけ

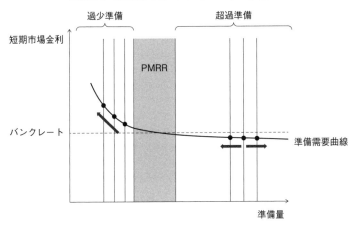

［出所］Hauser [2018] p.10.

図表 2-6　PMRR の推定（2018 年時点）

	推定額（10 億ポンド）
PMRR（ベース）	120-160
PMRR（バッファー）	30-90
総計 PMRR	150-250

［出所］Hauser [2018] p.11.

　ただし，ハウザー理事は，PMRR の推定額と QT 開始後に売却する必要のある国債との間には機械的な関連性はないことを強調している。QT 開始後の BOE のバランスシートの枠組みは，QE および QT の量および構成からは独立に決定されるとしているのである。そして，PMRR に銀行券およびその他の負債を加えた BOE の QT 後の定常状態のバランスシートの規模は 2 兆 7,500 億 - 3 兆 7,500 億ポンド（GDP の 12-18％）であるとの予測を明らかにし，

図表 2-7 QT 後の平時における BOE バランスシートの推計（GDP 比）

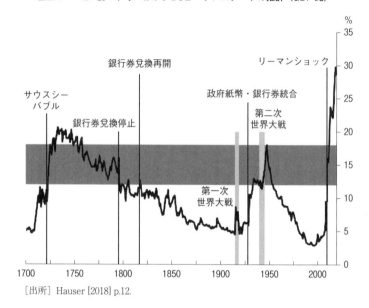

［出所］Hauser [2018] p.12.

　その規模が BOE の金融政策および金融安定政策の目標を達成する
ために必要であるとしている。その規模は，当時の BOE のバラン
スシートの規模の約半分であり，それはディスカッションペーパー
へのフィードバックを反映しているとしている（図表2-7）。ただし
この見積もりには，不確実性が存在するとも述べている。

　このポスト QE の枠組みにおける不確実性について BOE はどの
ように対応するのかというのが講演の最後のテーマとなっている。
ひとつの可能性としては，アメリカのように PMRR に到達する以
前に準備量の削減を行うことをやめること（フロアシステムの維持）
があるとの認識がまずは示されている。この場合，当然のことなが
ら超過準備（PMRR 対比での）は解消されないわけである。

　しかし，前節で考察したディスカッションペーパーにおいては，準備需要の推定に固有の不確実性を処理するためのこれとは異なるアプローチをしたことについて語っている。そのアプローチとは，QTが開始されてからの適切な時点において，単純なフロアシステムから，金融機関がどのレベルの準備保有を必要としているかを自身で決定する枠組みへの転換である。このアプローチにおいては，BOEは高品質の担保にたいして政策金利で無制限に準備供給を行うというものである。供給の手法は定期的なOMOであり，これによりフロアシステムを維持するとしている。

　BOEのバランスシートは，このシステムにおいては，超過準備が存在するフロアよりも小さくなると予想している。それはPMRRの不確実性のためのバッファーを組み込む必要がないからであるとしている。他方で金融機関側にとってのOMOにより準備を取得するバランスシートコストがあることは，金融機関側にある程度の準備不足がある可能性が高く，結果として準備量はPMRR内に収まるとしている。

　このアプローチのメリットとして同理事が強調しているのが，QT期間中においてBOEのバランスシートの構成（OMOと買切りオペ）を変化させることができるというものである。また，同時にフロアシステムが将来的にバランスシートを拡大させる場合に，金利調節力があることについても強調している。

　ただし，この新システムにおいては短期金利の状況がどのようになるかは，完全に予想することはできない。そして，① 短期金利は現状よりもバンクレート対比で若干高め（準備量が現在より少なめになることから）になる可能性が高く，② 短期金利の変動も，特に新システム導入の初期においては準備需要を測定するのに試行錯

誤がありうることから，若干大きめとなるのではとしている。

　これらに対処するためには，① OMO の回数を増やしたり，②
OMO の期間を多様化させたり，③ スタンディング・ファシリティ
を改定したりといったオペレーション上の改革が必要となるかもし
れないとしている。また，新システムへの参加者は，時間の経過と
ともに増加する可能性があり，それに応じて市場構造を変化させる
必要があるかもしれないとしている。

　講演の結論として，ハウザー理事は，BOE のバランスシートは
QT 開始後においても危機以前の水準に戻ることはないと再度断言
している。そして当時における見積もりとして平時のバランスシー
トの規模についても，新システム下において 1,500-2,000 億ポンド
であうと予想している。そして 2018 年 8 月に公表したディスカッ
ションペーパーに関する議論により，BOE の将来的なバランスシー
トをどのように管理するべきかについての理解は深まったとしてい
る。

　そして同理事は，「中央銀行の歴史から，政策の実施に関しては，
実践が理論を大きくリードしているようにみえることがあります。
しかし，実務は常に現実を明確に把握することによって支えられな
ければなりません。これがイングランド銀行の金融および金融の安
定目標を達成する唯一の方法です。そして，それが私たちが今後も
イングランド銀行のバランスシートを管理し続ける方法です」
（Hauser [2019] p.16）と講演の最後を締めくくっている。

 ## 新型コロナ危機対応とバランスシート政策

　前々節で紹介したディスカッションペーパーは 2018 年 8 月に発

表されたものであり，前節で紹介したハウザー理事の講演は 2019年 7 月に行われたものであるが，再度確認しておけば，この時期は政策金利が 0.75％であり，QT の開始が予想されていた時期であった。しかしながら，周知のとおり 2020 年に入って以降，事態は新型コロナ危機の影響で逆方向へと向かった。2020 年 3 月には BOE（MPC）は，政策金利を 2 度にわたって引下げ，史上最低の 0.1％とした。そして，APF による資産買入上限の引上げ等を行い，そのバランスシートの危機対応としての拡大を行った。

　その内容については，第 1 章ですでに紹介しているので，ここではそれについて詳しく解説することは行わない。そこでは紹介できなかったハウザー理事の 2020 年 6 月の講演「春の 7 つの瞬間：Covid-19，金融市場とイングランド銀行のバランスシートオペレーション」（Hauser [2020]）を，新型コロナ危機対応に関連して中央銀行のバランスシートをカウンターシクリカルに動かすことの意味等についてどう考えているかを中心に，以下で簡単に検討することとしたい。

　図表 2-8 は，2020 年 3 月 1 日から 5 月 27 日の BOE のオペレーションについて概観したものであるが，この間に 2,000 億ポンド以上の資金供給が行われ，その約 60％が APF による国債購入であった。そして米ドルスワップ，CCFF（政府主導の社債購入），TFSME（中小企業融資促進のための資金供給）等もそれなりの規模であったことが分かる。さらにこれをオペレーションの回数ベースでみたのが図表 2-9 であるが，3 月の 2 度目の MPC による緩和措置の決定（3 月 19 日）以降，それらの頻度が急増していることが分かる。

　このようなことを確認したうえで，ハウザー理事は，講演の最後で 4 つの質問（課題）を提示している。それらを簡単に紹介するな

図表 2-8　BOE のオペレーション（2020.3.1 以降）

（単位：10 億ポンド）

		残高（5.27）	3.1 対比	ピーク時残高
流動性供給	ILTR	28	＋21	28
	CTRF（1・3 月）	6	＋6	11
	ドルスワップ	23	＋23	37
資産購入	国債	556	＋121	556
	社債	14	＋5	14
貸出促進策等	CCFF	19	＋19	20
	TFSME	12	＋12	12
	TFS（終了）	107		107
	FLS（終了）	2		2
		769	＋207	

［出所］Hauser [2020] p.13.

図表 2-9　オペレーションの回数（週毎）

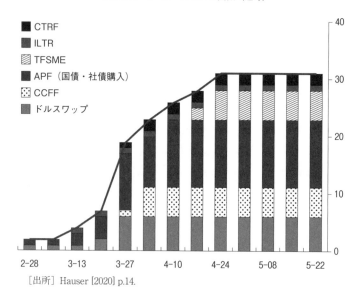

［出所］Hauser [2020] p.14.

らば，① 危機の決定的な瞬間で，仲介業者が国債市場等で効果的なマーケットを形成するのに苦労した理由は何か。規制上の制約もその理由か。中央銀行のカウンターパーティーが仲介機能を果たせない場合，根本的なところを修正する必要があるか，またはそのギャップを埋めるためにバランスシートの構造をより大きく変更する必要があるか，② 主要な金融市場間の裁定において，レバレッジが大きい一方で資本が少ないノンバンクの果たす役割をどう考えるか，③ 短期金融市場等に取り付けが起こりやすい構造があるときに，公的資金を利用することなしに，金融上の安定にもたらされるリスクにどのように対処するべきか，④ 危機により弱点が非常にはっきりと浮き彫りになった LIBOR からのタイムリーな移行をどのように保証できるか，である。

　要するに，危機対応で QT どころではなく，これまでにはないレベルでの QE の拡充に走らざるをえなかった中央銀行として，さらなる危機が発生した際には，さらにバランスシートをカウンターシクリカルに動かすことにより，危機を封じ込めるしかないとの宣言を行っているように思えるわけであるが，かつて考えられていた正常化は遥か彼方に行ってしまったことが，ここにおいても確認できるのである。それは，政策金利が 0.75％であった時代の展望とも大きく異なるものであるとの評価が将来において可能となるのかもしれない。

● おわりにかえて：出口政策の変化

　2009 年 3 月に QE を開始した時点の BOE は，APF の早期解散，すなわち QE の早期の終了を考えていたのではないかと思われる。

それは QE 開始直前に設立された APF が，その収益も損失も財務省へ移転されることとされたが，それについてはその解散時期においてなされると規定されていたことからも推測できる。しかしながら，当初予測よりは QE の期間が長期化しそうと考えられるようになったのか，2012 年 11 月に BOE と財務省は，APF の収益について四半期毎に資金移動がされる（損失が発生した場合には財務省からの資金補填がなされる）という合意がなされ，2013 年以降において実際に資金移動がなされてきている（それ以前の累積収益については，2013 年に 9 回に分けて資金移動がなされた）。

また，2013 年 2 月に刊行された『イングランド銀行四季報』（BEQB）に掲載された論文「APF と財務省の間の資金移動の概略」（McLaren and Smith [2013]）においては，出口のメインシナリオとして，2016 年 3 月以降の政策金利の引上げ，2016 年 9 月の資産売却開始のアナウンスメント，2019 年中の APF と財務省の間の資金移転の資金移転の完了（APF の解散）といったスケジュールが示されていた。

これは QE3（2012 年 7 月買取上限の 500 億ポンド増額決定）が 2012 年中に上限に達して以降，償還分が再投資されるだけであった時期に構想されたものである。また，政策金利は，2009 年 3 月以降，0.5％で変化がなかった。そろそろ出口について展望してもというタイミングではあったが，現時点で考えるならば APF の資産売却の影響を過小評価していたのかもしれない。もっとも，APF の保有国債の年限は他中央銀行に比べて長いということ（これは英国国債の平均満期の構造にもよるのだが）が考慮されなければならないであろう。

そしてその後の事態の進行は，この時点の予想と大きく異なるこ

ととなった。前述のとおり 2016 年 8 月に政策金利の 0.25％の引下げを行い，APF による資産買入上限の引上げ（3,750 億ポンド→ 4,350 億ポンド）も行った。そして EU との離脱交渉の膠着はともかくとして金融市場は落ち着きをみせてきたことから，2017 年 11 月に BOE は政策金利を 0.5％に戻し，さらに 2018 年 8 月には同金利を 0.25％引き上げ，0.75％としたのであった。なおこの 2 回の政策金利の引上げ時には，APF の資産購入額の上限の引下げは行われなかった。

　繰り返しになるが本章で検討したディスカッションペーパーおよびハウザー理事の講演は，政策金利が 0.75％であった時期のものであり，その時点においてはさらなる政策金利の引上げが展望されていた時期のものなのである。新型コロナ危機対応としての 2020 年 3 月以降に生じた事態は，逆方向のものであり，政策金利は史上最低の 0.1％まで引き下げられ（マイナス金利の導入まで議論されている），これまでにない規模・速度で QE の拡大が行われた。そして BOE 自身が，このようなバランスシート政策により，危機を抑え込めたと自画自賛しているかのようにも思われる。

　これにより BOE の金融政策は新たな段階となったように思われ，それがニューノーマルとなった感がある。そしていわゆる出口は遥か彼方に遠ざかったようであるが，出口政策自体は，本章でみたとおり 2018 年のディスカッションペーパーの時期において既に変化していたのである。

　出口政策の変化自体は非難されるべきものではないが，QE の採用は逆方向の動き，すなわち QT の難しさを確認させることとなってきている[4]。これは米 FRB が QE からの出口に失敗したことからも明らかであり，QE からの出口の難しさは 2020 年代の多くの

中央銀行が直面する課題となるということなのである。

　現時点で見通すことが難しいのは，ニューノーマルのもたらすものが何かということである。それはニューノーマルの長期継続なのであろうか，未曽有の危機なのであろうか，それとも資本主義の段階を画するような変化（ポスト資本主義的な世界である可能性も排除できない）なのであろうかはわからないが，不均衡の累積は何らかの大きな変化を必然化させる可能性が大きいと予想せざるをえないのである。

注
1）2006年5月の金融調節方式の変更について詳しくは，斉藤［2015］第2章を参照されたい。
2）BOE のノーザンロック危機対応から QE の採用に至るまでの経緯について詳しくは，斉藤［2015］第3章を参照されたい。
3）2013年初時点においての BOE の出口戦略・予想について詳しくは，斉藤・髙橋［2020］第3章を参照されたい。
4）現時点で考えれば2001年から約5年間実施された日本銀行の QE において，「銀行券ルール」（長期国債の保有上限を銀行券発行高とする）が設けられていたからこそ，出口において準備預金対応の資産（買入手形等）の削減が短期間で可能であったことがわかる。そのような縛りのない QE は出口が極めて難しくなるのである（河村［2017］参照）。

第3章

本格化する中央銀行デジタル通貨導入に向けての動き

――イングランド銀行のディスカッションペーパーの検討

● はじめに

新型コロナ感染症（Covid-19）は，人命にたいする脅威だけでなく，経済活動についても大きな脅威となってきている。そしてその流行は，何らかの転形期を感じさせる。ポストコロナ期は，それまでの社会とは大きく異なった世界となることも予想されるのである。

それはともかくとして，パンデミックは衛生面におけるキャッシュの危険性を認識させることとなった。これはキャッシュレス化を進展させる要因となるのだが，一方で，カード決済等では事業者にとって資金回収までの時間がかかることも問題視されている。その意味ではキャッシュは有効なものではある。これは広く議論されているわけではないが，中央銀行デジタル通貨（CBDC）であれば，パンデミック対策としても，資金回収サイクルの面からみても効果的なものであり，ポストコロナ期においては有力なペイメントの手段となるかもしれない。

新型コロナ感染症の蔓延以前の段階において，世界各国の中央銀行は，CBDC の実証実験を始めたり，検討を本格化させたりしてきていた。イギリスの中央銀行であるイングランド銀行（BOE）においても，それは行われてきており，2018 年頃までの状況については，『証券経済研究』第 105 号（2019 年 3 月）の論文「イングランド銀行における中央銀行デジタル通貨（CBDC）の検討」において紹介した（同論文は，斉藤・髙橋 [2020] に所収）。BOE のスタンスは，その早期導入には慎重ではあるが，研究については精力的に進めるというものであった。

　それには，2017年後半から2018年の初頭にかけて起こったビットコインブームが，その後において急速にしぼんだことも影響していた。しかしながら2019年6月にフェイスブックが発行計画を公表したリブラ（Libra）は，状況を一変させたように思われる。裏付け資産を有するステーブルコインとも分類されるリブラは，ビットコイン等の持つ通貨としてのデメリット（価値の不安定性等）を解決するものであったからである。

　各国中央銀行や各国政府は，これへの対応を迫られることとなり，その過程でCBDCの検討を本格化させることを迫られたように思われる。2020年1月には，BOE，日本銀行，ヨーロッパ中央銀行（ECB），リクスバンク（スウェーデン），スイス国民銀行，カナダ銀行と国際決済銀行（BIS）が，CBDCの発行を視野に新たな組織を作ると発表した。その後，BOEは，2020年3月にディスカッションペーパーではあるが本格的な論考"Central Bank Digital Currency: Opportunities, challenges and design"を発表した。本章では，その内容を紹介するとともに，そこから浮かび上がってくる問題点等についても検討することとしたい。

 仮想通貨から暗号資産へ

　2008年にサトシ・ナカモトの論文に基づき最初の「仮想通貨」（virtual currency）ないしは暗号資産（crypto assets）と呼ばれるビットコインが誕生した。その後，続々と同種のものが誕生したが，それらは基本的に特定の発行者を持たずに，したがって誰かの負債であることはないという特徴を持つ。さらには，それらは円やドルといった国民国家（もしくはユーロのようなそれよりも広い）の

枠組みのもとでの通貨単位を用いないという特徴も持つ。さらには
それらは，ブロックチェーン（分散型台帳）技術を用いているとい
う特徴をも有している。

　ビットコインは 2017 年後半から 2018 年にかけて，その価格が急
上昇したことを背景にブームが発生した。ただしその時点において
も，実際にビットコインが支払い手段として使用されることはほと
んどなかった。その後は価格下落とともに注目度は減少し，それを
仮想通貨（virtual currency）と呼ぶことは少なくなり，貨幣ないし
通貨ではないという意味で暗号資産（crypto assets）と呼ばれるよ
うになってきている。これには，2018 年 3 月のブエノスアイレス
で開催された G20 の会合において，それらを「暗号資産」と位置
づけたことが大きく影響している。これらは，基本的に価格の安定
性が乏しいこと（供給上限があること）が貨幣としては致命的であ
り，実際に支払いにも用いられない。その意味では，中央銀行券や
銀行預金といった既存の通貨の座を脅かすものではないとの理解が
一般化してきている。また，ビットコイン等のマイニングと呼ばれ
る創造活動には，大量の電力が使用されている。ビットコイン等の
取引価格にはこのコストが大きく影響している。何の使用価値もな
い暗号資産のために，このような大量の電力が使用されることは，
環境負荷の面からも好ましいものとはいえないであろう。

　一方，2021 年 6 月には中米のエルサルバドル（自国通貨はなく，
法定通貨はドルである）において，法定通貨としてビットコインを
採用する（施行は 9 月）と決定した（国民には一定額を配布）。これ
に続く動きが今後出てくるか，その与える影響については注視する
必要はあろう。

ⅡⅡ　リブラの衝撃

　ビットコイン等が暗号資産と呼ばれるようになったということは，それらはもはや通貨ないしは貨幣とは認識されなくなったということである。これにたいしてステーブルコインと呼ばれるもの，特に 2019 年 6 月に発表されたフェイスブックが主導するリブラ（Libra）構想は，各国中央銀行，さらには各国政府にとって大きな脅威を感じさせるものであった。ビットコインにも超国家ないしは反国民国家というイデオロギーはあるが，リブラの場合も国民国家とそれに関連する国民通貨（統治権）にたいする挑戦が感じられるのである。

　ここでリブラについて詳しく説明することはしないが，それのビットコインとの相違は，ステーブルコインといわれるように価格の安定性があると予想されることであり，裏付け資産があるということであろう。またフェイスブックの利用者は，全世界で 24.5 億人（2020 年 1 月）であるといわれており，金融包摂という観点からも優れたものといえよう。ただし，純粋の民間発行の貨幣であるリブラは，その規制がどのようになされるのか，預金保険制度的な消費者保護の仕組みがあるのかといった問題点も予想される。中央銀行的観点からはリスクの面から不透明感があるということとなろう。さらに，マネーロンダリング，個人情報の流出への対策が適切になされるかということも懸念されている[1]。各国政府，通貨当局等からは牽制発言等が相次ぎ，リブラ協会の参加企業の撤退，フェイスブックもアメリカの規制当局が承認するまではリブラ発行に関与せず，どの国においても発行しないという宣言を行い（2019 年

10月），この構想は頓挫状態にあった。その後，運営団体は 2020年12月に名称をディエムに変更し再出発すると発表した。

　しかし，リブラ（ディエム）は，既存の中央銀行通貨にたいする非常に大きな挑戦であることは確かであり，一般化するならば金融政策へも大きな影響を与えることとなったであろう。このため各国中央銀行は中央銀行デジタル通貨（CBDC）の検討を本格化せざるをえなくなったと推測される。そして BOE において，それを象徴するのが 2020年3月のディスカッションペーパーであったといえる。

Ⅲ　機会，チャレンジ，デザイン（ディスカッションペーパー）

　それでは，以下で 2020年3月に発表された，BOE のディスカッションペーパー「中央銀行デジタル通貨：機会，チャレンジおよびデザイン」について紹介することとしたい。これは，BOE の CBDC にたいする態度が大きく変化したことをうかがわせるものであると評価することができる。それは，表面上はディスカッションペーパーの位置づけでしかないものではあるが，全56頁と比較的大部のものであり，カーニー総裁（当時）が序文を書いているというのも，その本気度をうかがわせるものとなっている。さらに，ペーパーの最後ではパブリックコメントを求めていることも導入へ向けての準備とみなすことができよう。

　カーニー総裁（当時）は，その序文において「CBDC は多くの機会をもたらすが，それは通貨と金融の安定性を維持するために重大な課題を引き起こす可能性がある。したがって，CBDC はイングランド銀行が行うほとんどすべてのことと関連性があり，導入する

場合は非常に注意深く設計する必要がある」（p.4）と述べている。
さらに序文の最後に「イングランド銀行は，まだCBDCを導入す
ると決定したわけではない」（p.4）としつつも，続けて「本ペー
パーは，イングランド銀行とペイメント業界，テクノロジープロバ
イダー，決済ユーザー，金融機関，研究者，その他の中央銀行，お
よび公的機関の間のさらなる調査と対話の基礎となることを目的と
している。これらの根本的な問題に関心を持つ方は，CBDCの潜
在的な利益，リスク，実用性についてイングランド銀行に意見を述
べることを希望する」（p.4）と，明らかにそれ以前よりはその導入
に前向きな姿勢をみせているのである[2]。

　同ペーパーの構成は「1．CBDCへの我々のアプローチ，2．イ
ングランド銀行の目的をサポートするためのCBDCの機会，3．目
的およびデザイン原理，4．CBDCのプラットフォームモデル，5．
経済デザインおよび通貨・金融の安定性への影響，6．技術デザイ
ン，7．次のステップおよびさらなる調査のためのプライオリティ」
となっている。

　まず，イングランド銀行がどのようにCBDCを構想しているの
かをみる前に，近年のイギリスの銀行券とペイメントの状況につい
てみることとしたい。キャッシュレス化の進展といわれながらも，
イギリスの銀行券残高は，低金利傾向もあり実額でもGDP比でも
増加している。ただし2017年以降は停滞傾向にあるのも事実であ
る（図表3-1参照）。また，リテールペイメントにおいては，デビッ
トカード利用が急伸しており，回数ベースでも現金（銀行券）を逆
転している（図表3-2）。ホールセールだけでなくリテールペイメン
トにおいても銀行預金の振替が圧倒的になっていくことが予想され
るのである。その結果，スウェーデンのように銀行券残高が急減少

図表 3-1 銀行券流通残高

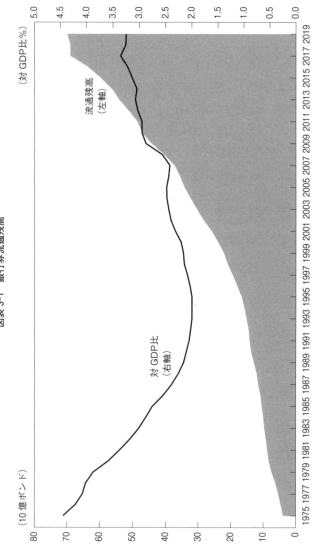

[出所] Bank of England [2020] p.15.

図表 3-2　現金の支払手段としての比重低下

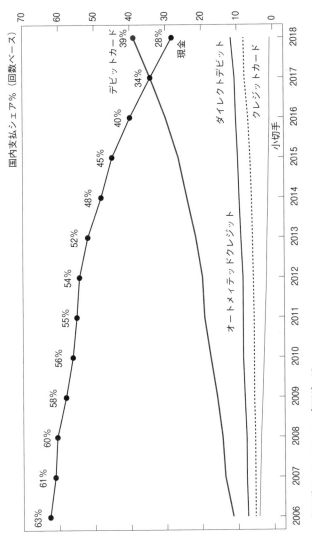

国内支払シェア%（回数ベース）

［出所］Bank of England [2020] p.15.

図表 3-3 CBDC のプラットフォーム・モデル

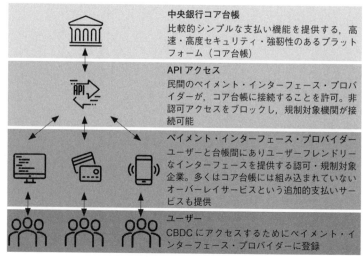

中央銀行コア台帳
比較的シンプルな支払い機能を提供する，高速・高度セキュリティ・強靱性のあるプラットフォーム（コア台帳）

API アクセス
民間のペイメント・インターフェース・プロバイダーが，コア台帳に接続することを許可。非認可アクセスをブロックし，規制対象機関が接続可能

ペイメント・インターフェース・プロバイダー
ユーザーと台帳間にありユーザーフレンドリーなインターフェースを提供する認可・規制対象企業。多くはコア台帳には組み込まれていないオーバーレイサービスという追加的支払いサービスも提供

ユーザー
CBDC にアクセスするためにペイメント・インターフェース・プロバイダーに登録

［出所］Bank of England [2020] p.26.

するのであれば，シニョレッジが失われることとなり，それは中央銀行としての BOE だけでなく政府にとっても問題となるかもしれないのである。

　そのことを確認したうえで，同ペーパーで最も注目されるのは，議論の基礎となるプラットフォーム・モデルが明確に提示されていることである（図表 3-3）。その内容は，基本的にはアカウントベースであり，まず ① イングランド銀行は CBDC のコア台帳を保有する。次に ② API アクセスの下で，③ 民間のペイメント・インターフェース・プロバイダー（PIP）が ④ ユーザーの管理とともに，追加的機能（オーバーレイサービス）を提供することを可能とするというものである。

　この PIP とは，金融機関，金融機関子会社や FinTech 企業が予

想されるが，コア台帳と接続する重要な参加者である。なお，BOE のコア台帳は，プライバシー問題にも配慮してか「偽名」とすることも可能とされている。もちろん，マネーロンダリング等への対策から PIP はユーザーを実名で管理することとされている。個人，非金融企業等のユーザーは，新たな形態の中央銀行通貨（CBDC）にアクセスできるようになるわけであるが，これは前述のとおり基本的に銀行券とは異なりアカウントベースで付利（マイナスも）可能なものとなっている。

　なお，同ペーパーのコラム（p.31）においては，民間企業が負債を発行し，中央銀行に保有する資産がすべてこれをバックアップするモデルも選択肢としては考えられるとしているが，ここでは取り上げないとされており，BOE が CBDC を導入する際には，BOE がコア台帳を保有し，PIP がユーザーを管理するというモデルが最有力のものであるということであろう。

　それでは，同ペーパーにおいて BOE が CBDC の意義についてどう考えているかについて紹介することとしたい。まずは，① BOE が通貨および金融の安定という目的を達成するための数多くの機会を生み出すという点である。それは，②支払いの状況をより強靭性（同ペーパーにおいて重視されている概念）のあるものにすることを助けることができるとしており，家計や一般企業が迅速かつ効率的で信頼性の高い支払いを行える等のメリットがあるとしている。さらには，③ステーブルコインなど，新しい形式の私的に発行された貨幣類似の商品よりも安全な支払いサービスを提供できるとしているが，これはいかにも中央銀行的な言説であるといえよう。

　この他の意義としては，⑤フィジカルなキャッシュの使用の減少の結果のいくつかに対処するのを助けるであるとか，各国中央銀

行（ECBも含む）がそれぞれCBDCを発行するようになるならば，⑤国内CBDCは，将来，国境を越えたより良い支払いを可能とするかもしれないとしている。

一方，同ペーパーは，CBDCに予想される課題，問題点についても指摘している。そこにおいて最も懸念しているのは，民間銀行の預金からCBDCへの急激な資金移動が発生する可能性である。もしそうしたことが発生するならば，民間銀行による信用創造（預金創造）を阻害する恐れがあるからである。そして，そのことがBOEの金融政策の実施および金融の安定を支援する方法に影響を与える可能性があることを懸念しているわけである。もっともそれが発生するのは，CBDCのデザイン設計をどうするかに依存しているとも考えられる。その際に重要となるのはCBDCへの付利水準（民間銀行の預金よりも低い水準を考えている）およびその構造（保有上限を設けたり，一定額以上について金利を低くする階層型付利の導入等）をどのようにするかという問題である。さらには，CBDCは導入当初は付利しないという選択肢も考えられるとしている。なお，同ペーパーにおいて示されているプラットフォームモデルは，分散型台帳（DLT）システムを使用しなくともよいとしているが，そのコンポーネントの一部については利用可能であるとの指摘がある。

同ディスカッションペーパーの最後において，BOEは35の項目についてパブリックコメントを求めている。それは技術面およびプライバシーへの配慮といったものもある。また，上記の民間銀行預金からCBDCへの急激な資金シフトの問題，すなわちディスインターメディエーションの発生の可能性についてのものもある。さらには，CBDCをここで想定しているアカウントベースのものとす

べきかトークンベースとすべきか，プログラム可能な貨幣機能（スマート・コントラクト等）をサポートするためにはどうしたらよいか等がその内容となっている。

● おわりに

　新型コロナ感染症と CBDC の導入の関連については何ともいい難い点があるのは事実ではあるが，どちらかといえばキャッシュレス化の進展を促進させ，その過程で CBDC の導入方向の議論への追い風となる側面が強いといえよう。日本においても新聞や雑誌記事において，それに関するものを目にすることが多くなってきている。そして，実際にも 2020 年 10 月にはバハマおよびカンボジアで CBDC が発行され，2021 年 3 月末には東カリブ中央銀行もその発行を開始している。また，中国人民銀行は，2020 年 4 月時点で国家デジタル通貨（デジタル人民元）の研究・開発の推進を明言し，実際に積極的に実証実験を行っている模様である。

　2020 年 7 月の時点での日本銀行のスタンスは，雨宮副総裁の講演で推察することができるが，まずは冒頭で「日本銀行も含め多くの中央銀行は，近い将来 CBDC を発効する計画はないが，それにもかかわらず，CBDC に関する調査研究に熱心に取り込むのはなぜか」との問いが発せられているのが象徴的である。そして雨宮副総裁のこの問にたいする回答は，① 技術革新のスピードが速く，急速にリテール決済の市場構造が変化し，キャッシュレス化が急速に進展する可能性も考えられることから，CBDC 発行の必要性が高まることへの対応の必要があること，および ② CBDC の調査研究を通じて「お金に求められる機能とは何か？」，「中銀マネーと民

間マネーの補完関係をどのように改善できるか？」，「民間デジタル通貨の機能をどのように向上することができるか？」といった問題を考察し，決済システム全体を改善していくヒントが得られるからというものであった[3]。この時点でのBOEの態度もこれとほぼ同様なものであったといってよいであろう。

ただその後BOEは，CBDCへの態度をより積極化させており，2021年4月には財務省とCBDC研究のための共同のタスクフォースを発足させた。このタスクフォースによる検討如何によっては，CBDCの早期導入ということも，それほど確率は高くはないとしてもありえよう。

その理由としては，中国におけるアリペイやウィーチャットペイの利用の急増，スウェーデンにおける現金利用およびその発行残高の急減[4]やイギリスにおけるデビットカード利用の急増等は一気に進展したものであるということが挙げられる。ペイメントの変化は速く，特にある種の閾値を超えた際には，それは急速に進展する傾向があるといってよいからである。ビットコインは少し前には存在しなかったものであるし，おそらくはリブラ（ディエム）は純粋技術的には可能であるということも考慮してよいであろう。かつて小切手社会といわれたイギリスでは小切手利用は急減し，もはや小切手社会とはいえない状況となってきた。日本もまた「日本はかつて現金社会といわれた」といわれるようになるかもしれないし，CBDCがそこで大きな役割を果たすようになるかもしれないのである。

注
1）リブラについては，木内［2019］が詳しく紹介・解説し，関連する論点

を整理している。

2）それ以前の BOE の CBDC への態度がわかるものとしては，ブロードベント副総裁（Broadbent [2016]）およびカーニー総裁（当時）（Carney [2018]）のスピーチがある。

3）同講演においては，その前月に構想が発表されたリブラへの言及はみられない。

4）中国におけるキャッシュレス化の進展の状況については，西村［2019］が，スウェーデンにおけるそれについては吉元［2017］が参考となる。

補　章

内生的貨幣供給説としての「日銀理論」:再論

● 　はじめに

　筆者は 2000 年 8 月に「内生的貨幣供給説としての日銀理論 – 量的緩和論批判に至る系譜」(斉藤 [2000]) という論文を『広島県立大学論集』(第 4 巻第 1 号) に発表した[1]。この時期は，ゼロ金利政策を解除した後に，いわゆる IT バブルの崩壊により追い込まれた日本銀行が，量的緩和政策を採用した直後であった。そこにおいて主張したのは，伝統的な「日銀理論」によるならば，預金は民間預金取扱金融機関による貸出により供給され (これが内生的貨幣供給説である)，準備は通常時においてはマクロ的に不足する部分 (銀行券の発行超過・財政資金対民間収支揚げ超等) を事後的にアコモデートする形で供給されるものである。したがって，不必要な準備を無理やり供給しても，ベースマネー・コントロール的なマネーストック増には結びつかず，ポジティブな結果はもたらさないであろうとのものであった。

　しかし，その後において生じた事態は，量的緩和の拡大であり，長期にわたる継続 (2006 年 3 月まで) であった。そしてその解除後において，金融政策は正常化へと向かっていったが，リーマン・ショックの影響から政策金利を 0.1％ に引き下げ，さらに 2010 年には「包括的金融緩和政策」が採用され，政策金利の操作目標を 0-0.1％ とするとともに，「資産買入等の基金」を通じて，資金の貸付および資産の買入が行われ，量的緩和的な措置が採られた。そして，2013 年の黒田新総裁の就任後においては，「量的・質的金融緩和」が開始され，金融市場調節のための操作目標は短期金融市場金利からマネタリーベースへと変更された。これは，伝統的な日銀理

論が否定していたベースマネー・コントロールを目指したと思える政策転換であった。そして日本銀行の金融政策は引締め方向に向かうことはなく 2016 年 1 月の「マイナス金利付き量的・質的金融緩和」，同年 9 月の「長短金利操作付き量的・質的金融緩和」の採用等の緩和措置が採用されてきている。そして，日本銀行のバランスシートの資産側は拡大し続け，負債側は準備預金の拡大が対応してきている。

　本章においては，このように，伝統的な日銀理論が否定し，筆者もその効果について疑問視してきた政策が採用されてきた中で，両者が依拠してきた内生的貨幣供給説の妥当性は否定されるのかについて，以下で考察してみることとしたい。

量的緩和からバランスシート政策へ

　周知のとおり量的緩和政策は，政策金利（無担保コールレート・オーバーナイト物）がゼロ近傍となり，それ以上の引下げ余地がないことから（当時はマイナス金利は想定できなかった），さらなる緩和措置として採用されたものであった。これはリーマン・ショック後において同様の政策を採用したアメリカの連邦準備制度理事会（FRB）等においても同様であったといえる。ただし FRB の場合は，当初は流通市場が全く機能しなかった住宅ローン担保証券（MBS）等を購入することによる「最後の買い手」的な信用緩和を目指し，その後に国債購入を中心とする量的緩和（FRB 自身はこれを「大規模資産購入（LSAP）」と呼び「量的緩和（QE）」とは称しなかったが）へと移行していった。

　量的緩和政策は，イングランド銀行（BOE）では 2009 年 3 月，

ヨーロッパ中央銀行（ECB）では 2015 年 1 月に採用されたが，FRB を含むこれら量的緩和と 2001 年以降に採用された日本銀行の量的緩和には大きな違いが存在する。それは「銀行券ルール」の存在である。この「銀行券ルール」とは，2001 年の量的緩和政策採用時において，長期国債の買切りオペを増額するに際して，長期国債保有額に歯止めをかけるために，その保有残高の上限を負債側の「銀行券」発行高とするというものであった。

　筆者はかつてこの「銀行券ルール」のことを，異例の金融緩和措置の採用に追い込まれた中央銀行の「最後の規律の表明」（斉藤 [2006]）と評したが[2]，現時点ではそれでは不十分な評価ではなかったかと感じている。それは出口政策に関係するものである。「銀行券ルール」があったからこそ，量的緩和からの出口がスムーズに短期間で行えたということを，より大きく評価すべきであったということである。河村小百合は，「当時，私たち国民は，「量的緩和」からの脱却が，なぜこれほど短期間のうちに円滑に行い得たのかを理解できてはいなかったように思われる。「銀行券ルール」に関する日銀サイドからの説明が，「財政規律を保つため」といった言い回しによることが多かったこともあって，国民の側は，「日銀は単に，あまり多額の国債を買い入れたくはないということなのではないか」という程度で受け止めていたようだ。わが国は，世界でも先駆的に BS 政策を採用した国ながら，この時点で，私たち国民は，中央銀行による BS 政策が，いかなる危険性をはらむもので，それにいかに歯止めをかけるべきかを理解し，認識しておく絶好の機会を逃してしまったともいえるのではないか」（河村 [2017] 53 頁）と述べているが，同感である。

　リーマン・ショック後，各国（地域）の中央銀行が量的緩和，準

備預金でファイナンスされる量的緩和政策を採用したが，そこから名目政策金利がある程度の水準となり，超過準備がゼロとなるような出口へ向かうことは不可能ではないかと思われるような情勢となっている。不均衡は累積し，リスクが高まり，人々の中央銀行への信頼も失われつつあるようにも思われる。特に，日本銀行の場合には禁じ手中の禁じ手と思われるような ETF の購入により，満期のない資産をバランスシートに抱えることとなり，その削減の難しさとともに，リスクおよび市場への悪影響が懸念されるような状況となってきているのである。

　近年では，肥大化した中央銀行のバランスシートをかつてのような水準まで縮小する（超過準備をゼロとする）ようなことは断念されたのではないかと思われるような情勢がある。今後の景気変動等にたいしては中央銀行のバランスシートをカウンターシクリカルに変動させるさせることにより金融調節を行うようにすべきであるとの考え方が広まってきており[3]，このような政策のことをバランスシート政策と呼ぶようになってきている。これは低金利（場合によってはマイナス金利）が長期継続し，中央銀行のバランスシートが従来は禁じ手とされていた国債の直接引受けに近い方式により巨大化し，そこから抜け出すことができなくなった時代における中央銀行の金融調節の姿を示している言葉のようにも思われるのである。

Ⅱ　リフレ派は勝利したのだろうか？

　冒頭で紹介した拙稿（斉藤［2000］）が発表された 2000 年以降の，とりわけ 2013 年の黒田総裁就任後の日本銀行の金融政策運営は，

すでに述べたとおりリフレ派の主張に沿ったものであるといえる。
このリフレ派の依拠する経済理論は，外生的貨幣供給説であり，外
生的にベースマネーを供給すれば，マネーストックが増加する。イ
ンフレもデフレも貨幣的現象であるから，ベースマネー供給により
デフレが脱却できるという信念に基づく理論であるといえよう。そ
れでは，リフレ派の主張が現実的に採用されたということは，経済
理論において外生的貨幣供給説が正しく，内生的貨幣供給説が誤っ
ているということとなるのであろうか。ある理論に基づきある政策
が採用されたことが，その理論が正しく，これに対立する理論が
誤っていることを意味するわけではないことは，19世紀のイギリ
スのピール銀行法成立時の議論（通貨論争）を考えればよいのかも
しれない。当時の論争は，通貨学派（外生説）と銀行学派（内生説）
との間でのものであり，ピール銀行法は通貨学派の理論に基づきイ
ングランド銀行券の発行高はその金保有量による制限を受けること
となった。しかしながら，同銀行法は経済危機の時期の1847年，
1857年，1866年には停止されざるをえず（同法に政府が危機の際に
はその効力を停止できるという規定は一応あったが），理論的にはむし
ろ銀行学派の方が優れていたと評価できるのである。

　リフレ派の依拠する外生的貨幣供給説は，フィリップス的信用創
造論，すなわちベースマネー（本源的預金）の供給があれば，準備
率の逆数倍の総預金（本源的預金＋派生的預金）が形成されるという
ものである。しかしながら巨額のベースマネーが供給されながら，
準備率（約1％）の逆数倍，すなわち100倍のマネーストックが形
成されることはなく，実際には貨幣（信用）乗数が低下したので
あった。もっともリフレ派も量的緩和により準備率の逆数倍のマ
ネーストックが形成される（貸出増等により）と主張しているわけ

ではない。政策の波及経路はよくわからないものの，株価等の資産価格にポジティブな効果を与えたり，あまり強調はできないものの為替を安くすることが期待されるとしているのである。

　1990年代初めのマネーサプライ論争において，岩田規久男（当時，上智大学教授，後に日本銀行副総裁）が主張するベースマネー供給論にたいして，日銀エコノミストの立場から反対の論陣を張った翁邦雄（当時，日本銀行調査統計局長）は，1999年（当時，日本銀行金融研究所長）に発表した「ゼロインフレ下の金融政策について」（翁［1999]）において，「金融論の教科書にある最もシンプルな信用乗数論の世界では，銀行にとって貸出機会が無限にあるにもかかわらず，準備預金の制約で十分資金が貸せない，ということを想定しているので，中央銀行が準備を供給するとすぐ貸出が増え，結果として所要準備額が増えて超過準備がゼロになる。しかし，超過準備が恒常的に発生し，準備預金の量や銀行の調達金利が銀行行動の制約でなくなっている状況，あるいは，準備預金でなく銀行の自己資本や企業の健全性が銀行与信の制約になっている状況では，超過準備の積み上げが貸出を増やすというメカニズムは担保されていない」（翁［1999]147頁）と，リザーブ供給が即貸出増となるわけでないことを説明しているが，これは黒田異次元緩和導入後においても基本的に当てはまっている見解であるように思われる。

　なお，冒頭に紹介した拙稿（斉藤［2000]）においては，伝統的日銀理論は戦前期の総裁であった深井英五の著作（深井［1928]）までは最低限たどれることを述べたうえで，書籍の形態で外部にわかりやすく説明したものとして，横山昭雄（横山［1977]），外山茂（外山［1980]），西川元彦（西川［1984]）の著作のエッセンスを紹介し，それらはいずれも内生的貨幣供給説に立脚していることを明らかに

した。現代における貨幣供給の姿を非常にうまく表現しているものとして，「貨幣がまずあって，それが貸借されるのではなく，逆に貸借関係から貨幣が生まれてくる」（西川［1984］94頁）という一文がよく引用される。ここで述べられていることは，貨幣とは何かではなく，現代において貨幣はいかにして供給されるか，どのように発生しどのように消滅するかということなのである。その直前において西川は「こうして，今日の貨幣は発生も消滅も，その回転や流通も，中央銀行を中心とする信用システムという地平のなかで営まれており，往年のように天で生まれ天を流れるものではなくなっている」（西川［1984］94頁）とし，直後において「天与の貨幣は一度生まれると死ぬことはなかった。しかしそれをまねた人為の信用貨幣は，貸借の期限に応じて目に見えないところで生死を繰り返す」（西川［1984］94頁）としているのである。

　また，拙稿で紹介した3人のうち横山昭雄は，黒田異次元緩和開始以降の2015年に『真説　経済・金融の仕組み』（横山［2015］）を上梓し，前著（横山［1977］）と同様なモデル（以下，横山モデル）を提示し，すべては銀行の信用創造から始まる「真の通貨供給メカニズム」を展開している[4]。そこでは亜流も含めてフィリップス的信用創造論を否定し，量的緩和の拡大という現実は，内生的貨幣供給論の誤りを意味していないとしている。黒田異次元緩和についても，詳しい説明は省略するが「一益あるも，なお，多数の問題・副作用あり得べし」（横山［2015］232頁）とし，種々の問題点を指摘している。

　横山［2015］は，フィリップス型の信用創造論の決定的な欠落として，銀行行動についての分析（企業と銀行との攻防の結果としてマネーが世の中に供給されていく経緯）があるとしており，吉田暁の著

書を引用しつつ，以下のように記している。

「筆者がこれまで展開していた，"フィリップス型信用拡張論や量的緩和論への批判"の通奏底音は，それら理論・教科書に共通する，この"銀行行動分析欠落への疑問"である。／同憂の先達，故吉田暁元武蔵大学教授は言う。／「近代経済学の教科書では，中央銀行が国債等の買いオペを行ってハイパワードマネーを供給し，これが本源的預金となって，その後の信用創造過程を説明する。／この場合，説明の便宜という点はあるにせよ，貨幣供給が完全に中央銀行の政策の問題とされ，再生産過程との関連が無視されることになる」。（『決済システムと銀行・中央銀行』84〜85頁，日本経済評論社，2002年，傍点筆者）／マルクス経済学的用語を用いた，どこか古雅な香りのセンテンスが，鋭く，ことの真実を衝いている。この場合，"再生産過程"とは，企業の生産・販売活動と銀行の与・受信活動の，両サイドの"再生産過程"のことと解したい。まことに言い得て妙であり，現在なお牢固として抜きがたい貨幣ヴェール観の虚妄を適確に指摘している」（横山［2015］96頁）。

　内生的貨幣供給説にたいして，「すべてが銀行の信用創造から始まる」（あくまで貨幣量に着目してだけのことであるが）というと，実体経済を無視していると非難されることがあるが，逆である。内生的貨幣供給説こそが，非銀行民間部門の資金需要を出発点としているのであり，実体経済を重視しているのである。量的緩和（マネタリーベース増）によっても，企業の側の資金需要が弱く，銀行行動においても収益性のある与信プロジェクトが少ない場合には，貸出増＝預金（設定）増という形でマネーストックの増加やインフレ率の上昇は見込めず，貨幣（信用）乗数が低下するだけというのが，近年の事態であるわけであるから，その意味でそれが内生的貨幣供

給論には打撃とはなっていないと解釈すべきではないだろうか。

　内生的貨幣供給説への批判について

　以上で，近年において特にリーマンショック以降において，世界各国の中央銀行は量的緩和政策を採用し，そのバランスシートを拡大し，結果として出口が困難化し，そのためバランスシート政策という正常化を諦めたことを前提とする名称まで登場してきたことをみた。そして，それは必ずしも内生的貨幣供給説に理論面で打撃を与えたわけではないことも明らかとした。

　しかしながら内生的貨幣供給説にたいする無理解，批判は少なくはないのが現実ではあろうし，いわゆる通説はフィリップス流の信用創造論を真の信用創造論と思っているというのも事実であろう。内生的貨幣供給説の内容についての説明およびそれにたいする批判への反批判は，吉田暁が粘り強く何度も丁寧に行っているので[5]，さらに追加する必要はないかもしれないが，より平易に説明することを試みることとしたい。

　しかし，その前に内生的供給説についての疑問・論難のある種のタイプについて言及することとしたい。それは「確かに銀行の貸出が同時に預金を創造することは理解できたが，それだけで他は絶対にないのか？」というものである。これについては，かつて拙著への木村二郎（内生的貨幣供給論者である）の書評（木村 [2007]）へのリプライ（斉藤 [2007]）の一部を再録することとしたい。

　「内生的貨幣供給説に対して「外生的に貨幣供給することは絶対にできないのか，やればできるではないか？」との類の論難は無意味である。／おそらく木村氏も含めて内生的貨幣供給説に立脚する

論者で，このこと（外生的貨幣供給の不可能性）を主張する論者はい
ないはずである。内生的貨幣供給説とは，貨幣供給の基本をどうお
さえるかという議論であることをまずは確認しておきたい。資本主
義における貨幣供給システムは，民間非銀行部門の資金需要に対し
て銀行部門が貸出を行うこと（貸出は預金設定により行われるから貸
出増＝預金増となる）が基本となるとの考え方である。そして貨幣
が外生的に無理に供給された場合はインフレーションという害悪が
生じたり，また資金需要がない場合にはまったく効果がなかったり
するだけということを主張している。そしてこの後者のケースが量
的緩和政策期に生じたことであるというのが拙著の立場であり，と
りあえずは木村氏の ② の論点（引用者注：内生的貨幣供給説におけ
るベースマネー供給の位置づけ）への回答である。通常時においては
中央銀行通貨（銀行券・中央銀行預金）の供給について中央銀行は
アコモデーティブであるが，その供給の仕振り等を通じて短期金利
をコントロールすることはできる。能動的にベースマネー供給をす
ることはないということである。／このような制度（中央銀行制度）
を資本主義が作り上げ，市場取引（銀行業務：中央銀行も銀行であり，
それが行っているのは銀行業務である）を通じてしか中央銀行通貨
（銀行券・中央銀行預金）が発行できない仕組みを作ってきたのはど
うしてであろうか。また，それには政府からの独立性が問題とされ
てきたのはどうしてであろうか。これは中央銀行制度を廃止し，か
つての太政官札的な国家紙幣制度にして公共事業代金や公務員の給
料をそれで払ったらどうなるかを考えればわかることである。中央
銀行制度というのは資本主義の叡智といってよい側面があるのであ
る。／外生的な貨幣供給というのはできるできないでいえばでき
る。しかしそれは現実の説明には通常無力であり，無理やり行った

場合は害毒が大きくすべきではないというのが内生的貨幣供給説であるということを確認しておきたい」(斉藤［2007］93-94 頁)。

　なお，ついでに指摘しておけば内生的貨幣供給論者の多くは不換銀行券を信用貨幣であるとするが，これが国家紙幣化する危険があることは認めている。典型的には国債の中央銀行による直接引受により調達した資金（中央銀行のバランスシートの負債側の政府預金）で，政府が野放図な財政出動を行う場合である。これは財政赤字の貨幣化（財政ファイナンス）であり，さすがにこの場合はアウトサイドマネーが供給されるといってよい。したがって多くの国においては，中央銀行による国債の直接引受や対政府貸付が禁止されているのである。また，この観点から中央銀行の政府からの独立性が問題とされるのである。

　以上を確認したうえで，初学者向けの説明をあえてここで行うこととしたい。それは外生説を主張する，すなわち「まず貨幣があって貸し付けられる」と主張する論者において，財布に現金があるであるとか，所得があることから始めるべきであるという議論があるからである。筆者は，ゼミ生 10 人を 2 人のペアとし，一方から一方へマッサージをして 1,000 円を払ったらどうなるかという問いをしたことがある。教室内にはマッサージを受ける側 5 人が持っている 5,000 円しかないとし，マッサージ後には 1,000 円の持ち手は変換しているが，教室内の貨幣量は 5,000 円で変化がないことが誰にでもわかる。すなわち労働，サービス生産，所得があったとしてもマクロ的な貨幣量には変化がないのである。

　これからマッサージを受けた側がさらにマッサージを受けたいと希望してもお金がないわけであるから無理であるが，銀行が 1,000 円を貸した場合にはどうなるであろうか。そうすると 5 人の預金口

座には 1,000 円ずつ計 5,000 円が振り込まれ，教室内の貨幣量は現金通貨 5,000 円＋預金通貨 5,000 円の 10,000 円となり，マクロ的に貨幣量は増加している。日本では個人の小切手使用が一般的ではないから各人は預金をおろして現金（銀行券）として支払いを行い，預金は減るが現金が増えるわけであり，マネーの総計は変化しない。この例からわかるように手にした現金は，もともとは銀行の貸出により創造されたものなのである。さらにいえば当初の現金 5,000 円についても，どこかで銀行の貸出により創造された預金に出発点があり，すべてのマネーは銀行システムにより創造されると，筆者は初学者には説明している。

　ここであえて初学者向けの説明をしたのは，内生的貨幣供給説とは，非常に簡単なことを主張している理論にすぎないということを説明したいからである。内生的貨幣供給説とは，貨幣とは何かが論じられているわけではない。現代の貨幣（銀行券・預金通貨）がどのように供給されるかを問題にしている。出自のわからないどこかにある貨幣を前提にして，それをいわばパンだねとして預金通貨が増加している，あるいは始点は中央銀行によるベースマネー供給として預金通貨が増加しているという形で，フィリップス的過程が進行し，それにより貨幣量が増加しているということについて否定しているのである。

　これにたいして内生的貨幣供給説は，銀行の貸出行為が自らの債務（預金）の創造により行われ（無から有が生じ），それは持ち手が変換しても消滅しないという議論である。そして管理通貨制下においては，これ以外に貨幣が供給される手段がないと主張しているだけである。財布の中にある現金は，預金をおろすことにより手に入れられるものであり，その預金は川の上流をたどっていくように源

流をたどるのであれば必ず銀行の貸出による預金設定にたどり着く
ということをいっているにすぎないのである。

そうすると近年生じている中央銀行によるベースマネー増（量的
緩和）には，あまり積極的な意味はみいだせず，不均衡が累積して
いくだけではないかということになる。筆者は，実証分析としては
イングランド銀行（BOE）をこれまで主として取り上げてきたわけ
であるが，ここにおいて興味深い現象があることについて，次に紹
介することとしたい。

前述のとおり BOE は 2009 年 3 月以来，量的緩和政策を実施し
てきているわけである。そして 2009 年には一般向けのパンフレッ
ト "Quantitative easing explained: Putting more money into our
economy to boost spending"（Bank of England [2009]）を作成・公
表した。この「量的緩和の説明：支出を増加させるための経済への
より多くのマネーの注入」というこのパンフレットは，非常に単純
なマネタリーベース・コントロール的な説明がなされており，専門
家を驚かせるものであった[6]。

しかしながら，いつの間にかこのパンフレットは BOE のホーム
ページ上から姿を消した。さらにキング総裁等のスピーチにおい
て，量的緩和については国債を売却する保険会社・年金基金等がそ
の受取代金により購入する社債等の価格が上昇（金利は低下）する
こと等の限定的な効果しかないことを認めるようになった。さらに
注目されるのは，BOE の公式見解が表明される場ともいえる『イ
ングランド銀行四季報』に，2014 年の初めに掲載された論文「現
代経済における貨幣創造」（McLeay,M. et al.[2014b]）において，完
全に内生的貨幣供給説に基づく理論が展開された[7]。そして，それ
ぞれワーキングペーパーではあるが，2015 年には「銀行は貸付資

金の仲介者ではない，そしてそれがなぜ問題なのか」（Jakab and Kumhof [2015]），2019 年には「銀行は貸付資金の仲介者ではない－事実・理論・証拠」（Jakab and Kumhof [2015]）という内生的貨幣供給説に立脚し，銀行がフィリップス的ではなくマクロード的な信用創造を行う機関であり，単純な金融仲介機関ではないことを強調する論文が発表されているのである。このように BOE が量的緩和政策を遂行する一方では，貨幣供給の内生性については認めるという見解を取っているように思われることは興味深いものである。

　これらの BOE の見解については，リチャード・クーが批判を行っている（クー［2019]）。クーは，アメリカの中央銀行（ニューヨーク連銀）での勤務経験を持つが，その信用創造に関する理解は完全にフィリップス型のものである。これらの見解については「一部のエコノミスト（引用者注：BOE のエコノミストのこと）は，筆者が使っている法定準備率や貨幣乗数といった考え方は，金融政策の理解や分析にまったく役に立たなくなったと言って批判している，彼らは銀行家は何もない状態からマネーを創造できるとし，またそのような状況では法定準備率など何の意味もないと信じているからだ」（クー［2019］460 頁，下線引用者）とまず批判している。さらにそれらのエコノミストの考えとして「銀行マンが融資を決行した際に，銀行はただ借り手が同行に持つ口座に融資額をまるまる振り込むだけで，それに関連した引き落としは同行内で何一つ発生していないと指摘している。そして，その事実をベースに彼らは，銀行マンは無の状態から（ペンの一筆で）マネーを創造するのであり，その行為は中央銀行が市中にどのくらいの流動性を供給しているのかということとは無関係であると結論づけた」（クー［2019］461 頁，下線引用者）と正しく紹介している。ただし，BOE のエコノミスト

らは，借り手が実際に融資された資金を使う時に何が起こるかを忘れていると，クーは批判している。「銀行は融資をする際に，現金や同行が中央銀行内に持つ口座に十分な残高を保有していなければならないということである。そうでなければ，銀行は代金の支払いも融資もできないからだ。したがって，銀行は無の状態からマネーを創造できるという考え方はまったくのナンセンスである。融資ができるのは，豊富な現金と準備を持っている銀行だけだからだ」（クー［2019］462-463 頁）と批判しているのである。

　このクーの見解は，アメリカの標準的な教科書的理解から出られないことから発生するものであり，BOE のエコノミストはこうした批判を受け入れないであろう。筆者はクーが「豊富な現金と準備」がどのようにして供給されるかを見落としていると考えるが，ここでは，日本の銀行界の先達が，この件についてどのように説明してきたかについて紹介することとしよう。

　長く全国銀行協会連合会に勤務し調査部長等を歴任した吉田暁は，貨幣供給の内生性について各所で説明しているわけであるが，その著書『決済システムと銀行・中央銀行』（吉田［2002a］）の「はしがき」において，「現代の貨幣つまり現金通貨はいずれも信用貨幣であり，銀行の銀行としての中央銀行を頂点とする銀行システムを通じて，貸出しによって供給され返済によって消滅，という形で国民経済に対して供給される」（吉田［2002a］ⅰ頁）と書いている。すなわち「貸出により供給された預金」は，返済により消滅されない限り，銀行システム内に残っているわけであり，「豊富な現金（預け金）」の正体は「（以前に）貸出により供給された預金」なのである。そして「人びとが日銀券を手にするのは銀行からの預金引出しを通じてであって，ここでは未だ日銀は登場しない。銀行は失った

日銀券（現金準備）を補充しなければならないから，日銀預金で日銀券を引き出すことになるが，その次には日銀預金の調達が必要になるので，これが金融市場の逼迫として現れ，それに対する日銀の対応が問題となるということなのである。ところが，このように理解すると，今度は教科書が説明しているベースマネーの投入から始まる信用創造論とは順序が逆であるということに気づかせられる。最初に準備があるのではなく，準備は後から求められるというのが現実なのである」（吉田［2002a］iii頁，下線引用者）としているのである。「豊富な準備」は貸出により創造された預金が流出し（貸出を行った銀行から），それを受け入れた銀行に存在するわけであるが，銀行間の資金過不足はインターバンク市場で事後的に調整可能である。しかし銀行券による流出は，インターバンク市場では調整できず，日銀信用（信用創造）が求められるわけであるが，その「準備」は後から求められるというのである[8]。

　また，三井銀行の社長であり，全国銀行協会連合会の会長でもあった板倉譲治は，以下のように述べている。「貸借というものは，常に両建で存在するものであるから，貸借の双方を業とする銀行の場合には貸出しによって創造される資金自体をその貸出し元手として使用することが出来るのであって，あらかじめ資金を用意していなくても貸出は可能なのである」（板倉［1995］ix頁）。さらに，フリップス型の信用創造論についても否定し，「この「はじめに本源的預金ありき」という前提は「初めに預金がなければ貸出しは出来ない筈である」という先入観があるために己むを得ず考え出された論理ではないかと想像している」（板倉［1995］xi頁）としている。そして個人が所得の一部を貯蓄することにより個人の貯蓄が生まれるというのは，ミクロの観点からは正しくとも，「マクロの貸借理

論の観点からすると個人の貯蓄は傭い主である企業が（銀行借入な
どによって）既に持っていた預金が給料として個人に支払われ，そ
の一部が貯蓄した個人の預金に振り替わったものにすぎない」（板
倉［1995］xi頁）とし，個人が保有する預金は，銀行の貸出により
創造された預金が源流であると指摘しているのである。そして，銀
行別の資金過不足はインターバンク市場で調整されるものの，銀行
券の発行超過や財政資金の対民間取引が揚げ超のような場合には，
マクロ的に準備が不足するわけであるが，中央銀行としてはこれを
放置するわけにはいかないことから，「これを相殺する資金操作（中
央銀行の貸出し或いは債券手形類の売買オペレーション）を行って金融
の安定に努めている」（板倉［1995］xv頁）とし，マクロ的に不足す
る準備は事後的に供給されると説明しているのである。

　さらに，横山昭雄は，日本銀行に長期間勤務し，考査局長，監事
等を歴任し，その後に岐阜銀行頭取，短資協会会長でもあったが，
その著書（横山［1977］・［2015］）で提示している「横山モデル」は，
マクロ的にも預金は貸出により供給され，したがって貸出を超える
預金は存在しない。そのモデルについては紙幅の関係でここで詳し
く説明することはできないが，このモデルにおいては（そして現実
も）準備預金は日銀信用により供給されるしかない，すなわち事後
的に供給されるしかないのである。

　以上のように，日本の銀行界の先達は，いずれも預金は銀行の貸
出により供給され（返済されない限り銀行システム内に留まり続け），
マクロ的に不足する準備は事後的に中央銀行により供給されると説
明しているのである。

　これに加えて，デビット・グレーバーは，『負債論』の増補版
（Graeber［2014］）の「あとがき」において，BOEの論文を評価し

「それを聞いたわたしの最初の反応が，人類学者すべての名において
シャンパンで祝おうというものであった」（邦訳584頁）とし，貨
幣の起源は交換ではないということを，老舗の中央銀行が認めたと
喜んでいたわけであるが，ここではこれ以上はこの点には立ち入ら
ない。

　筆者は，内生的貨幣供給説について吉田暁から手ほどきを受けた
わけであるが，彼は主流派経済学はフィリップス型の信用創造論に
毒されていることから内生的貨幣供給説を理解できないであろうこ
とは想像できると語っていたが，銀行学派に親和的であったマルク
スを受け継ぐはずの日本のマルクス経済学者の間にも内生的貨幣供
給説理解が広まらないことに絶望していた。そもそも「預金とは信
用創造の産物」であるとはマルクス経済学者では認識されておら
ず，1960年代の初めにおいて「畏友山口重克が「将来の資金形成
の先取り」として積極的に展開した（「商業信用と銀行信用」鈴木鴻
一郎編『信用論研究』1961年）が，私は山口が銀行券で論じている
のを預金通貨に読み替えて，その後の考え方の基準とした」（吉田
[2002a] iv頁）と吉田は書いている。

　ただし，山口はその論文において「近代的な銀行において預金は
積極的な存在ではない」（山口[1961] 140頁）としているが，その
「預金」（原論レベル）とは外生貨幣（金貨幣）等を銀行の支払準備
補強のために集めるものであり，吉田にとって「預金」（管理通貨
制レベル）とは信用関係の出発点で銀行が貸出により設定（＝創造）
するものである。この初期山口の信用論と吉田の金融論の間にある
違いは，後年において両者の間に若干の齟齬を生み出すことになる
が，本章の最後にその点について触れることとする。

　吉田の2008年の論文「内生的貨幣供給論と信用創造」（吉田

[2008]）において，吉田が「信用貨幣を銀行の一覧払い債務としな
がらも，信用関係の中で発生・消滅という性質を中心とする定義」
（吉田［2008］15頁）にたいし，山口から信用貨幣とは貨幣請求権が
貨幣性を持っているものとして理解すべきであり，不換銀行券は別
の用語とし両者の区別を不分明にしない方がよいという，いかにも
不換銀行券論争に関与しなかった宇野学派らしい批判を紹介してい
る。

　これにたいして吉田は，「支払い約束を重視するのは，資本主義
の基本を金本位制，銀行券は兌換銀行券に置き，金本位制の停止，
兌換の停止をもって資本主義の異質化と捉え，理論としては本来の
資本主義の下で考察すべきとするからではないであろうか」（吉田
［2008］15-16頁）とし，管理通貨制への移行後すでに長い年月が経
過しているのであるから，「貨幣・信用に関しても，現在の中央銀
行券・中央銀行預金，銀行預金（補助貨幣は中央銀行券の発行・還収
に包摂されている）というシステムを前提に理論化を図るべきでは
ないであろうか」（吉田［2008］16頁）としている。

　なお，同論文の注3）で吉田は以下のように記している。「山口
は内生的貨幣供給論についても，「貸借関係は貨幣の貸借関係であ
るから，貸借関係に先行する貨幣概念をまず想定せざるを得ないの
ではないかと思われる。貨幣とは何かという場合，それは貨幣の貸
借関係から生まれたものだというと，これも永遠の循環論になって
しまう。内生論はこの循環論を断ち切ったあとの問題と見るべきで
あろう。言い換えれば，理論的には『あくまで現金貨幣が前提』で
あるといってよいのではないか」と批判する。理論家はそのように
考えるのかと思わされるが，現実には本来の現金貨幣は存在しな
い。山口がそうだというわけではないが，現実の現金貨幣すなわち

強制通用力をもつ不換銀行券（fiat money）を信用理論の基軸にすえる「理論」が展開される背景には，そういう考え方があるのであろう。そうではない「循環論を断ち切る」理論が出現することを切望する」（吉田［2008］24頁）。

　筆者には，この両者の議論は噛み合っていないように思われる。それは，内生的貨幣供給説とは，「貨幣とは何か」を論じているものではなく，「貨幣がどのように供給されるか」を論じているものであるからである。したがって山口の「循環論」批判は的を得ていないし，吉田もその点を反論すべきであったと思われるからである。吉田の批判には，自らの内生的貨幣供給説は，山口に学んだはずなのにという思いと，「理論家は，原論の展開順序をもって，現実に観察される事態を否定するのか」（山口からは，そうしたことは考えていないとの反論があるであろうが，吉田がそのように感じたとは推測できる）という思いが感じられるのである。

　それでは，吉田が切望していた，「循環論を断ち切り」かつ「現在の中央銀行・中央銀行預金，銀行預金というシステムを前提」とした理論はどのように構築可能かについての，筆者なりの試論を以下で提示してみることとしたい。もっとも，筆者は原論の専門的研究者ではなく，あくまで可能性の提示であることをお断りしておきたい。

　まずは，「流通形態論」レベルにおいて，「価値形態論」の最後の「貨幣形態論」において，金貨幣以外の可能性を提示し，そこに「銀行預金」を入れておき，「貨幣論」において「信用関係」を積極的に導入する[9]。さらに，「総過程論」（分配論・競争論等）の「信用論」においては，「銀行信用」の出発点を「貸出（手形割引）による当座預金設定＝信用創造」とし（これは外生貨幣を銀行がまず受け

入れ，それを貸出す「預金先行説」とは異なる。「預金創造先行説」なのである），銀行券は設定された預金をおろすことにより市中に出回るものとするのである。そして，純粋資本主義社会における銀行部門の統合バランスシートおよびマネーストック統計の概略を簡単な数値例で示したうえで（これを示してくれている「原論」を筆者は知らない），そこにおいてもマネーの主流は銀行預金であることを示すというのはどうであろうか。

　上記のような「信用論」の展開は，銀行業の歴史的発展過程とは異なるかもしれない。しかしながらたとえば「価値形態論」も歴史過程とは異なるのではないだろうか。「現在のシステムを理論化」するための試論として評価していただければ幸いである。もっとも，「流通形態論」（資本主義の外被をシンボリックに説いているだけ）と「総過程論」の間には，論理次元の相違があることを強調し，また，原論には数多くの「ブラックボックス」や「開口部」が存在することもあり，「現状分析」を行う際に，原論の「貨幣」と「銀行信用」の先後関係を気にすることはないとの立場もありえよう。さらにいえば，筆者としては，現実の説明力としては，マルクス経済学の「信用論」よりも，銀行券のない社会から始める「横山モデル」の方が数段優れているように感じている。原論とは現実の説明のためのものではないという反論が聞こえてきそうではあるが，そうすると原論の存在理由は何なのであろうか。また，「上向法」や「分化独立論（発生論）」の論理的優位性とは何なのかということも問われるように思われる。

● おわりに

　内生的貨幣供給説は何度も繰り返しているように管理通貨制下において貨幣がどのように供給されるかの議論であり，金融論・経済学の歴史においては外生的貨幣供給説と対立してきた議論である。近年の状態は内生的貨幣供給説にとっては，外見上は逆風なような事態である。各国中央銀行が大量のベースマネー供給を行い（量的緩和＝超過準備供給），バランスシートが拡大し，それが以前の規模に戻る展望がない中で，バランスシート政策なる用語が一般化しているからである。本章においては，それは金融理論における外生的貨幣供給説が正しいことを示すわけではないことを示してきた。近年の事態は，金融政策と財政政策の間のけじめが失われた事態であるわけであるが，筆者としてはそれをただ批判するだけでなく，どうして各国の中央銀行がそのような政策の採用に追い込まれたかの分析が必要ではないかと感じている。停滞的な経済，金融化が危機に行きついた後の資本主義において，自然利子率（均衡利子率）がゼロ近傍もしくはマイナスとなり，中央銀行は金利政策を放棄せざるをえなくなり，大量資産購入しか道がなくなってしまった世界についての分析である。こういった世界にあっては，金融政策の目標は一般物価の安定から，資産価格の維持・上昇や為替のダンピングへと移っていかざるをえないことを分析すべきなのかもしれない。

　本章では，このような流れの中でも BOE においては，量的緩和政策の遂行の一方で，貨幣供給が内生的であることや，その観点から銀行は単純な金融仲介機関とはいえないとする論文が発表されてきていることを紹介した。そしてそれにたいする旧来型のリチャー

ド・クーによる批判は成り立たないことを，日本の銀行界の先達の言により明らかとしたわけである。

　最後に，本章の主題とは多少ずれるが，議論を紹介した日本の銀行界の先達の1人である吉田暁と宇野学派の山口重克の間の議論の齟齬に関連して，吉田のいう「循環論を断ち切り」かつ「現在の中央銀行・中央銀行預金，銀行預金というシステムを前提」とした理論についての試案を提示してみた。しかし，筆者は「現状分析」を行う研究者であり，その際に「原論」を意識することはあまりない。その意味で「原論」が「現状分析」の桎梏となることはあまりないわけであるが，「原論」の展開順序や『資本論』の断片的記述に囚われて「現状分析」が捻じ曲げられるような事態がまったく想定できないわけでもないようにも思われる。周知のとおり，宇野弘蔵は，経済学を「原論」，「段階論」，「現状分析」に分ける三段階論を提唱したわけであるが，経済学の最終目標については「現状分析」であるとしたわけであり，「商品」から始まり上向法・演繹法・分化独立論等により展開され「諸階級」等により閉じる美しい「原論体系」の完成をその最終目標としたわけではない。また，宇野はよく「現状分析をやるときには原論を忘れろ」といっていたと伝えられている。宇野のこの言は，宇野学派には一般的には評判が悪いように思われるが，筆者は必ずしもそうは考えない。この言は，経済学の最終目標である「現状分析」が「原論」への前記のような不必要なこだわりゆえに悪影響があってはならないとの，同時代および将来の宇野学派，さらに広くはマルクス経済学者への素晴らしい警鐘であったのではないかと思われるのである。

注)

1）本論文は，斉藤［2006b］の第1章に収録されている。筆者の論文としては珍しく，ネット上を含めて引用・解説されることの多い論文である。

2）斉藤［2006a］を参照。なお，同論文は，斉藤・須藤［2009］第3章（斉藤稿）として収録されている。

3）一例としては，2020年3月に就任したBOEのベイリー総裁のジャクソンホール・コンファレンスにおけるスピーチ（Bailey［2020］）および同コンファレンスへの提出論文（Bailey et al.［2020］）を挙げておくことにする。

4）同書には，2000年代において量的緩和政策を積極的に拡大し，その後において出口を出ることに成功した時期の日本銀行総裁であった福井俊彦が推薦の言葉を寄せていることは興味深い。

5）これについて詳しくは，吉田［2002a］・［2002b］・［2008］等を参照されたい。

6）筆者も数人のエコノミスト，日銀OB等から「あのBOEのパンフレットは酷い」との感想を伝えられた。

7）この点について詳しくは，斉藤・髙橋［2020］の第1章（斉藤稿）を参照されたい。なお，注においてではあるが，金井［2017］もこのBOEの説明の変化に注目している。

8）先の初学者にたいする説明の例においても，支払側が小切手を手交し，受取側が同じ銀行に預金すれば何の問題も起こらない。銀行券による引出に銀行が対応できるのかと思った向きもあるかもしれないが，その時点から銀行業が無資本で始まったわけでもないわけであるから準備は後から求めればよいのである。

9）銀行預金は登場していないが小幡原論（小幡［2009］）はそのようなもの（信用貨幣を導入）となっている。また，山口も「原理論においては，実は貨幣の素材を特定する必要はないのである。貨幣素材の使用価値はいろいろな点で交換手段としての機能に適したものとしておくだけでよい。原理論ではとりあえず便宜的に金地金をとって貨幣の性質と機能を説明しているわけであるが，純粋理論の問題としては，実はその素材そのものは何でもよいのである。地金でも，鋳貨でも，紙片化した情報でもよい。さらには有体物でない当座預金でも電子情報でもよい」（山口［2006］）33頁，下線引用者）と述べている。

第Ⅱ部

金融規制・ペイメント・住宅金融

第4章

リテール・リングフェンス規制の成立とリングフェンス銀行の経営

● はじめに

　金融危機が起きると必ずといってよいほど「危機が発生したのは
金融機関にたいする監督が不十分ではなかったか？」という非難が
生じる。1920年代末から1930年代にかけての大恐慌においては，
商業銀行の投資銀行業務を禁止するグラス＝スティーガル法が制定
されたし，少額預金者の保護を名目とする預金保険制度（FDIC）
の設立も州免許（州法）銀行へ連邦規制を及ぼすことが，その大き
な目的であった。また，1980年代の銀行破綻件数が急増したアメ
リカにおいて登場したのがナローバンク，コアバンクの提案であ
り，これらは商業銀行の資産サイドを短期国債等の安全資産に限る
ようにすることにより，負債の預金（大衆から預かるものであり，支
払い決済システム中核をなす）の安全性を高めようとするものであっ
た。すなわち商業銀行に証券業務等のリスキーな業務を行わせても
よいのかという問題意識からのものであった。約10年前に発生し
たグローバル金融危機の後においてもアメリカにおいては商業銀行
のデリバティブ取引等を規制するボルカールールが制定された。危
機以前においては一定規模以上の金融機関が破綻する例が非常に少
なかったイギリスにおいては，危機を踏まえて，ナローバンクに類
似するリテール・リングフェンス規制の導入が決定され2019年よ
り実施されている。本章においては，以下でイギリスにおける同規
制の導入経緯やリングフェンス・ボディの実際の形態，さらには実
際のリングフェンス銀行の経営等について検討することとしたい。

　独立銀行委員会における議論

　イギリスにおいて2007年秋に住宅金融大手のノーザンロック（旧住宅金融組合）に取り付け騒ぎが発生した際には，それは140年ぶりの出来事といわれた。そもそもイギリスにおける預金保険制度は，一定規模以上の銀行破綻を想定していなかった。預金保険制度が設立されたのはアメリカ（連邦レベルでは1933年）や日本（1971年）よりも遅く，1979年銀行法に基づき預金保護委員会（DPB）が1981年に設立された。それは非常に限定的な制度であり，少額の預金者にも全額は保証しないのをその特徴としていた。その後預金保険制度は，他の金融関連補償制度と合同され（金融サービス補償機構：FSCS），その下で預金補償サブスキームとなったが，限定的な制度であることや少額預金者にも負担を求めることは継続していた。さすがにリーマンショック後の混乱期においては，少額預金者への負担は撤回されたが，その拡充はなされてこなかった。また，一般的な金融機関の破綻処理体制も確立されておらず，ノーザンロックは，中央銀行による流動性供給後の売却，RBSやロイズBGは国有化という方策が採られた。

　そのイギリスにおいて，リーマンショック後の金融機関の破綻対策のために立ち上げられたのが独立銀行委員会（ヴィッカーズ委員会）であり，そこで提案されたもののなかの中心的なものがリテール・リングフェンス規制であった。金融危機後の規制体系の見直し（これは2012年金融サービス法で行われた）と並行して，「大きすぎて潰せない」問題に対処することを主目的として作られたのが同委員会であり，2010年6月のマンションハウススピーチにおいてオズ

ボーン財務大臣（当時）により設立が明らかにされた。同委員会は，同年の９月，まずは問題点報告を発表した[1]。そこにおいて指摘された問題点としては，① 金融上の安定，② 競争，③ 金融上の安定と競争の関連，④ 貸出と経済回復のペース，⑤ イギリスの金融サービス業と経済の競争力，⑥ 政府の財務ポジションへのリスクであった。

　その後，2011 年 4 月に同委員会は中間報告を発表した[2]。この中間報告において中心的な論点となったのが，イギリスのリテール銀行業と投資銀行業・国際銀行業等との分離案であり，リングフェンスという考え方が明確なものとして打ち出された。そこではユニバーサルバンクの終焉のための銀行業の大胆な構造改革が求められるとしていた。その目的としては，納税者をグローバルなホールセール銀行業・国際銀行業から生じるリスクから隔離することにあるとされた。もうひとつの重要な論点としては，危機の結果としてイギリスのリテール銀行業における寡占傾向が強まり，競争の観点からの問題が発生しているとの指摘があった。そのためには口座移動をスムーズに行えるシステムが業界において構築されるべきであるとした。

　同委員会は，2011 年 9 月に最終報告を発表した[3]。これには中間報告への各所からの反応を反映した部分もあった。その中心的な論点は，「リングフェンス」の有効性とより高い自己資本比率との関連に関するものであった。その他では「フェンス」はどのように形成されるのかというものもあった。最終報告が示した「フェンス」内の業務とは，個人および中小企業からのすべての預金と，その口座における当座貸越業務である。金融会社，EEA 外の顧客にトレーディング，投資銀行業務を提供することは禁止される。また，

大企業からの預金吸収や非金融大企業への単純な貸出は行うことは可能である。リングフェンス銀行が大銀行グループの傘下となる場合は，グループの他の部門からガバナンス上の独立があり，別の法人格を持ち，業務も分離しなければならない。

　同委員会は，リングフェンス銀行の業務について，① 必須業務，② 禁止業務，③ 付随業務の3カテゴリーに分けている。① 必須業務とは，イギリスの監督当局がリングフェンス銀行のみに認める業務のことであり，逆にリングフェンス銀行はこれらの業務を行わなければならない。これはすでに述べたように個人・中小企業からの預金吸収等であるが，これらの業務は，銀行の破綻に起因するサービスの提供の一時的な中断でさえ，多大な経済的コストがかかるものであり，顧客はそのような中断への十分な準備ができないものである。

　② 禁止業務とは，リングフェンス銀行を清算するのを難しくし，高コストとする業務のことである。さらにそれはリングフェンス銀行のグローバル金融市場へのエクスポージャーを直接的に増加させる業務でもある。また，リングフェンス銀行の業務であるペイメントサービス等を不可欠とするものではない。このような投資銀行業務や国際銀行業務が禁止業務とされたのであった。一方で，最終報告は，リングフェンスのメリットとそれにより失われるシナジー効果との比較を行っている。同報告は，分離を極端な形で行い，リングフェンス銀行をナローバンク的なものとすることを否定している。

　③ 付随業務としては，金利ヘッジのための業務や制限付きのホールセール市場からの資金調達が挙げられている。

　リングフェンス銀行の業務内容は以上のようなものであるとし

て，次の問題はフェンスの高さはどの程度のものとなるかである。すなわち分離の形態および程度ということである。同報告書は，検討すべき点として，①リングフェンス銀行は，同一金融グループ内でよいか，特に禁止業務を行っている金融機関と同一金融グループ内でよいのか，②もしそれが許容されるのであれば，リングフェンス銀行とグループ内の法的・業務遂行上のリンクはどのようなものであるべきか，③同様に経済的なリンクがどのようなものであるべきかが挙げられるとしている。

　ここで，同報告書はまず完全分離について検討している。そこには風評被害が及ばないことや分かりやすさ，単純さというメリットはあるものの，追加的資本が必要となること（年40億ポンド），顧客のシナジー効果が失われること，（この段階においては）EU法においては完全分離モデルにたいする障害があることを挙げ，これを否定している。

　結局，同報告書が勧告したのは，①リングフェンス銀行は同一グループ内の他金融機関から独立した法人格を持つべきこと，②リングフェンス銀行により，完全もしくは部分的に所有される金融機関については，リングフェンス銀行に認められる業務しか認められないこと，③グループ全体は，業務，スタッフ，データ，サービス等についてリングフェンス銀行が引続きアクセスできるようにすること，④リングフェンス銀行すべてのペイメントシステムのメンバーとなるべきこと等であった。なお，リングフェンス銀行と同一グループ内の他のメンバーとの取引については，アームズレングスおよび第三者ルールに基づくべきものであるとされた。

　この独立銀行委員会の最終報告の勧告内容は，基本的に政府により受け入れられ，財務省報告書[4]さらには白書[5]の公表を経て立法

過程に入り，この内容を盛り込んだ 2013 年金融サービス（銀行改革）法が成立したのであった。

 ## リングフェンス・ボディの形態

　同法の成立および政令等の制定により，リテール・リングフェンスの具体的な内容が明らかとなっていった。まず，リングフェンスの制定，すなわちコア・リテール銀行サービスをその投資銀行業務・国際銀行業務から分離する期限を 2019 年 1 月 1 日とした。要するにリングフェンス銀行体制は，それまでに形成されなければならないとされたわけである。その過程やリングフェンス銀行の具体的な形態等については，『イングランド銀行四季報』に同行の監督部門の職員によるわかりやすい解説論文（Britton, et al. [2016]）があるので，以下では同論文に依りながら，説明を行うこととしたい。

　まず，第 1 ステップとしては，銀行グループはその法人構造を再編成しなければならない。最低限，リングフェンス銀行とそれ以外の業務を行う銀行とに分離が必要である（新たな銀行免許が必要である）が，これらの銀行はそれぞれが自己資本比率規制等の規制に適合する必要がある。さらに，銀行グループはリングフェンス銀行がその銀行グループの他の法人から独立して経営されていることを担保するために，そのガバナンス構造を見直す（新規のボード設立等）必要がある。また，銀行グループは新規設立のリングフェンス銀行と他の部門との財務的な独立性が保たれているかについて確認しなければならない。これに加えて，ペイメントシステムと接続するための方法，ビジネスブランドの変更も要請されることがありうる。

　第 2 ステップは，銀行構造の確立後に，内部の法人間において資

図表 4-1　リングフェンシングのための機構改革

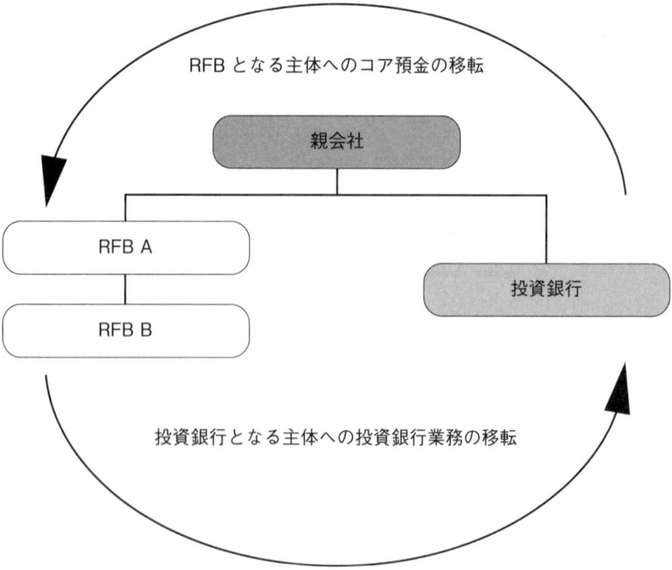

［出所］Britton et al.［2016］p.170.

産（貸出金等）や負債（預金等）を移動させることである。ある銀行グループにおいては，リテール預金をリングフェンス銀行となる法人に移す。また別の銀行グループにおいては，投資銀行業をリングフェンス銀行となる法人から移すこととなる。さらにまた別のグループにおいては，両者のミックスとなる場合もある（図表4-1）。

　ほとんどの資産および負債は，‘リングフェンシング・トランスファー・スキーム’（RFTS）を通じて移転されることとされた。これは，銀行が異なる法人間においてビジネスを移動させることを裁判所に申請することができることを通じて行うとする，政府が作成したプロセスである。申請は，裁判所の代理人として活動し，銀行

からも規制当局からも独立した存在である専門家としての'スキルド・パーソン'による細部にわたる報告によりサポートされる。スキルド・パーソンは，銀行顧客やカウンターパーティーといった，異なったグループにおいて，移転により悪影響を被ることがないか，その影響が悪影響というよりはリングフェンシングを実行するための銀行グループの再構成のための必要なものであるかどうかについて評価を行うこととなる。

　ここで，リングフェンス銀行が行う業務とグループ内他金融機関が行う業務とを確認しておけば，リングフェンス銀行のみが行うことができ，かつ絶対に行わなければならないのが個人・中小企業からの預金受け入れである。また，グループ内他金融機関が行う業務とは，より具体的には ① 証券，商品，デリバティブズの売買業務，② 住宅金融組合，他のリングフェンス銀行以外の金融機関のエクスポージャーの保有，③ 欧州経済地域（EEA）外の営業，④ 証券引受業務，⑤ 他金融機関の証券購入である。そして，双方が行うことが可能な業務が，① 大企業，住宅金融組合，他リングフェンス銀行からの預金受け入れ，② 個人・企業への貸出，③ 中央銀行との取引，④ 自身の証券化商品の保有，⑤ トレード・ファイナンス，⑥ ペイメントサービス，⑦ 流動性，金利，通貨，商品，信用リスク関連のヘッジ，⑧ 企業，住宅金融組合，他リングフェンス銀行への単純なデリバティブズの販売である。これをみて分かるように，リングフェンス規制はナローバンクへの懸念のうちの信用創造ができないということ，すなわち弾力的な預金通貨の供給が不可能となるのではという点については，十分な配慮がなされていることが確認できる。

　なお，同論文には，健全性監督機構（PRA）のリングフェンシン

グの目的等についてまとめられているコラムがあるので，以下では
それを簡単に紹介し，若干の解説を加えることとしたい。PRA の
一般的な目的は，規制対象企業の健全性，安全性を高めることであ
るが，その観点からリングフェンシング法制は，以下のとおり弾力
的な運用を行うとしている。

① リングフェンス銀行のビジネスが，イギリスにおけるコアサー
　 ビスの提供の継続性に与える悪影響を避けることを保証する。

② イギリスにおけるコアサービスの提供の継続性に悪影響を与え
　 る可能性のあるリスク（イギリスまたはその他の地域で発生する）
　 からリングフェンス銀行の事業が保護されるようにすることを保
　 証する。

③ リングフェンス銀行もしくはリングフェンス銀行グループのメ
　 ンバーの破綻が，イギリスにおけるコアサービスの提供の継続に
　 与える悪影響によるリスクを極小化する。

　以上で明らかなことは，リングフェンス銀行は絶対に破綻しない
銀行ではないということである。したがってリングフェンス銀行の
預金は当然に預金保険の対象となる。ただしその破綻によるリスク
を極小化させるためのものということであろう。

　さらにグループ・リングフェンシングの目的からくる，PRA に
要請されることとしては，以下のことが要請されるとしている。

① 同一銀行グループ内のどこかに由来するリスクの可能性がリン
　 グフェンス銀行に影響を及ぼすことを減少させること。

② リングフェンス銀行がその属する銀行グループの他の部分から
　 独立した決定を行いうることを保証すること。

③ リングフェンス銀行の同一銀行グループの他のメンバーへの財
　 務的もしくはその他の依存度を減少させること。

④　たとえ他のグループメンバーが破綻したとしても，リングフェンス銀行がその業務を継続しうること。

　これらは，いうまでもなくグループ内の投資銀行部門等からのリスクからリングフェンス銀行を守ることが意識されているわけである。

　そして，PRA のリングフェンシング政策のまとめとして，銀行グループの構造として，リングフェンス銀行が投資銀行を保有することはないし，その逆もないということである。したがって，同一の親会社の傘下の系列会社というのが基本構造となる。その他，諸規制やグループ内取引についての原則も確認されている。

　ここで，リングフェンス銀行の独立性を担保するためのガバナンスについては，リングフェンス銀行のボードは，そのグループの他のメンバーから独立して決定を下せることができなければならないとしている。例えば，リングフェンス銀行のボードの過半数が議長を含めて独立社外取締役でなければならない。また，リングフェンス銀行のボードメンバーの３分の１以上が，グループ内の他の法人のボードメンバーであってはならないとされている（図表4-2）。このことは，リングフェンス銀行のボードが同行の利益に基づき独立した決定を下すことが可能とすることを保証することを助けるとしている。また，この効果を助けるためにリングフェンス銀行のガバナンス，システム，コントロールに関する多くの他の規制を設けるとしている。

　なお，組織再編後の営業の継続性に関連しては，リングフェンス銀行は，サービスをアウトソースすることが可能であるとしている。例えば，IT プロセッシングサポート，‘銀行支店’の会計機能を他のリングフェンス銀行もしくはリングフェンス銀行の広義銀行

図表 4-2　RFB のガバナンスの独立性

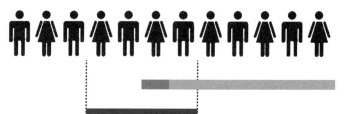

■　会長（独立）
■　非執行役員（独立）
■　グループ内他企業のボードメンバー

［出所］Britton et al. [2016] p.169.

グループ内の指定サービス会社にアウトソースすることができる。
この場合，投資銀行等の法人にそれを行うことはできないが，グ
ループ外の認定サプライヤーにそれを行うことは可能であるとして
いる（図表 4-3）。

　さらに，ペイメントスキームへの参加に関しては，リングフェン
ス銀行は，他の銀行を使用してアクセスを提供する（間接参加者）
のではなく，可能であれば，それらが使用するメイン・ペイメント
システムへの直接参加者となることが望ましいとしている。このこ
とは，リングフェンス銀行がコア・ペイメントサービスの提供を継
続するために他の法人に依存することがないことを保証することと
なるからである（図表 4-4）。

図表 4-3　RFB へのサービス・プロバイダー

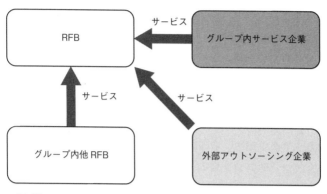

［出所］Britton et al. [2016] p.169.

図表 4-4　ペイメントシステムへのアクセス

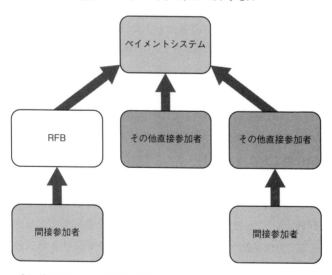

［出所］Britton et al. [2016] p.169.

Ⅲ　リングフェンス規制と銀行の組織再編

　前節で紹介した独立銀行委員会の最終報告の勧告内容は，基本的に政府により受け入れられ，財務省報告書さらには白書の公表を経て立法過程に入り，この内容を盛り込んだ 2013 年金融サービス（銀行改革）法が成立した。

　繰り返しとなるが，同法の成立および政令等の制定により，リテール・リングフェンスの具体的な内容が明らかとなっていった。まず，リングフェンスの制定，すなわちコア・リテール銀行サービスをその投資銀行業務・国際銀行業務から分離する期限を 2019 年 1 月 1 日とした。そして，銀行グループは，前述のとおり，第 1 ステップとして，その法人構造を再編成しなければならかったし，第 2 ステップとしては，銀行構造の確立後に，内部の法人間において資産（貸出金等）や負債（預金等）を移動させなければならなかった。ある銀行グループにおいては，リテール預金をリングフェンス銀行となる法人に移す。また別の銀行グループにおいては，投資銀行業をリングフェンス銀行となる法人から移すこととなる。さらにまた別のグループにおいては，両者のミックスとなる場合もあることになる。

　リテール・リングフェンス規制は，2019 年 1 月に本格的にスタートした。規制対象となる金融機関は，コア・リテール預金が 250 億ポンド以上の銀行であり，具体的にはビッグフォー（HSBC，バークレイズ，ロイズ BG，RBS）およびサンタンデール（旧住宅金融組合から銀行転換したアビーナショナルをスペイン系の銀行が買収した英国法人）である。なお，住宅金融組合最大手のネーションワイド住宅

金融組合は，250億ポンド以上のコア・リテール預金を有している
が，そもそも住宅金融組合はリテール・リングフェンス規制の対象
外である。規制対象各行は，2018年末までに組織改編を行った。

　リングフェンス銀行の経営

　このリングフェンス銀行とは何かということであるが，それは
1980年代のアメリカにおいて提案されたナローバンクとは異なる
ものである。ナローバンクは，負債側は決済性預金である一方，資
産側はTB等の安全資産にのみ投資できるというものであった。こ
の提案にたいしては，① 信用創造が不能となり，弾力的な預金，
すなわちマネーの供給ができないのではないか，② このような銀
行には収益性がないのではないか，というのが主なものであった。
① の批判は，現代の通貨供給は商業銀行が民間非銀行部門の資金
需要にたいして貸出す際に，自らの預金債務を創造してこれを行う
という，信用創造メカニズムを理解していない提案なのではとの批
判であった。これにたいして，リングフェンス銀行は，信用創造が
可能である。具体的には，住宅ローンも中小企業向け貸出も，リン
グフェンス銀行の預金創造により行われるし，大企業向けの貸出も
禁止されてはいないからである。その意味で，リングフェンス銀行
には，前記 ① の批判は当てはまらない。

　以下で検討しようとするのは，ナローバンクへの ② の低収益性
といった批判は，果たしてリングフェンス銀行には当てはまるのか
ということである。そのために初めての年決算である2019年の各
行決算をその組織再編とともに検討することとした。ここでは，組
織再編によりリングフェンス銀行を含んだ銀行グループ全体の収益

性がどのように変化したのかということは問題とはしていない。あくまでもリングフェンス銀行が単体として収益性がどのようなものかをみてみようというものである。もちろん1年目の決算をみただけで，それが完璧に分析できるものではないのは当然のことである。2019年の銀行の収益環境が特殊であった可能性はあるし，2年目以降の収益性をみなければ分からない点もあるであろう。さらにいえば，リングフェンス銀行が抱えるリスクとはどのようなものであるかを細かくみることも重要であろう。しかし，まず経営状態の分析の第一歩として，以下では各行の組織再編と2019年決算の内容を概観することとしたい。

(1) バークレイズ（Barclays Bank UK plc）

　バークレイズ・グループは，2018年4月1日にリングフェンス銀行（Barclays Bank UK）を設立し，グループ内で資産・負債等の移転を行った。そこにおける業務部門としては，①パーソナル・バンキング，②ビジネス・バンキング，③バークレイカード（クレジットカード）の3部門がある。2019年は金利が低水準かつ低下傾向だったこともあり，住宅ローンの収益性が悪く，全体の収益性は良好なものとはいえない。税引後利益は1.56億ポンド，税引前利益は6.69億ポンドであった。ROAは0.06％（総資産の（2018年末残＋2019年末残）÷2を平残の係数として使用，税引前利益ベースでは0.26％，以下同じ），ROEは0.93％（資本についてもROAと同様の処理をした，同4.00％）であった。

　資産規模としては，①パーソナル・バンキング部門が7割強であるが，その収益性は税引前利益ベースでのROAが0.10％と非常に低いものとなっている。資産規模では2割程度の②ビジネス・

バンキング部門のROAが1.08％, ③ バークレイカード部門の
ROAが0.39％であるが, これが2019年に特有の収益傾向であるか
については, もう少し詳しい分析および, 2020年以降の決算の分
析が必要となろう。

(2) HSBC (HSBC UK)

　HSBCは, 19世紀に香港上海銀行として設立され, 現在では世
界80か国以上にわたり営業を行っている巨大銀行グループである
が, イギリスにおけるリテール銀行網は1992年に当時のビッグ
フォーの一角であったミッドランド銀行を買収したことにより獲得
したものである。1992年の買収後も, イギリス国内においてはし
ばらくミッドランド銀行の商号により営業していたが, 1999年以
降はHSBC銀行として営業している。

　そのHSBCは, 2018年7月にリングフェンス銀行としてのHSBC
UKを設立し, 組織改編を行った。HSBC UKには, ① リテールバ
ンキング・ウェルスマネージメント部門 (RBWM), ② コマーシャ
ル・バンキング部門 (CB), ③ プライベート・バンキング部門,
④ グローバルバンキング・マーケット (限定的) 部門 (GB & M)
がある。税引後利益は5.16億ポンド, 税引前利益は10.10億ポンド
とバークレイズを上回っている ROAは0.21％ (同0.41％), ROE
は2.31％ (同4.53％) であった。

　資産規模としては, バークレイズと同規模であるが, 特徴的なの
は ① RBWM部門の資産規模が6割強にとどまっている点である。
そして収益面では, ② CB部門の収益性が ① RBWM部門の収益性
を上回っている。ここでも2019年の住宅ローンを中心とするリ
テールバンキング部門の収益環境の悪さが表れているといえるであ

図表 4-5　ロイズ BG の組織構造

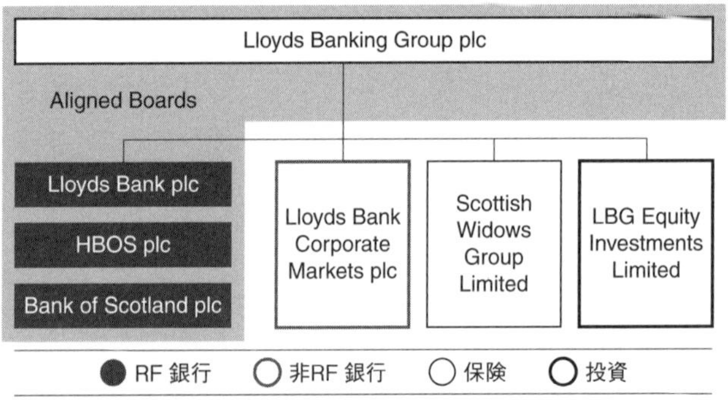

［出所］*Lloyds BG Annual Report 2018*, p.58.

ろう。

(3) ロイズ BG (Lloyds Bank etc.)

　ロイズ BG は 2008 年に実質国有化されたが，その大きな原因は破綻状態にあった HBOS（住宅金融最大手のハリファックスとスコットランド銀行が合併）を吸収したことによるものであった。ロイズ BG は 2010 年代後半に再民営化されたが，2018 年中にリングフェンス規制に適合するための組織再編を行った。合併銀行であることもあり，その組織再編は前記 2 銀行グループよりは若干複雑である。まず 2018 年中に国際業務等をグループ内非リングフェンス部門に移転し，Lloyds Bank および Bank of Scotland という 2 つのリングフェンス銀行を設立した。この他に HBOS というリングフェンス銀行もある（図表 4-5）。また，リングフェンス銀行内のビジネス・ブランドとしては，① Lloyds Bank，② Halifax，③ Bank of Scotland に加えて④ MBNA（2017 年に買収したクレジットカード会

社）がある。

　ロイズ銀行は1990年代以来住宅ローン等のリテールバンキングに注力してきた銀行であり，住宅金融最大手のHBOSを合併したこともあり，住宅ローンの資産に占める割合が大きい。リングフェンス銀行としてのLloyds Bankの税引後利益は22.33億ポンド，税引前利益34.74億ポンドでROAは0.38％（同0.59％），ROEは5.64％（同8.78％）であった。また，Lloyds Bankの資産規模は，前記2行よりも大きい。

(4) RBS（NatWest Holdings）

　RBSはもともとはスコットランドの地方銀行であったが，2000年に当時のビックフォーの一角であったナショナル・ウェストミンスター銀行を同じスコットランドの地方銀行であるスコットランド銀行との買収合戦で勝利したことにより傘下とし，世界最大規模クラスの銀行となったが，急拡大路線がたたり2008年に実質国有化された。

　このRBSも2018年中に組織再編を行ったが，その内容は前記3行とは異なる特徴的なものであった。それは，リングフェンス銀行中間持株会社としてのNatWest Holdings（RBSグループの100％持株会社：なお親会社のRBSもNatWestへの2020年中の名称変更を検討中とされていたが実際に名称変更が行われた）を設立するというものであり，その傘下にリングフェンス銀行としてのNational Westminster Bank（Ulster Bank［ベルファスト本店］およびCoutts & Co.［プライベートバンク］を100％保有），The Royal Bank of ScotlandおよびUlster Bank Ireland（ダブリン本店）があるという組織構造となっている（図表4-6）。なお，非リングフェンス銀行業

図表 4-6　RBS Group の組織構造

[注] RBS Group 傘下には NatWest Markets 等の非 RFB 銀行等がある。
[出所] NatWest Holdings アニュアルレポート等から筆者作成。

務については，グループ内の NatWest Markets 等に移管された。

　中間持株会社としての NatWest Holdings の税引後利益は 14.06 億ポンド，税引前利益は 22.06 億ポンド，ROA は 0.33％（同 0.52％），ROE は 4.27％（同 6.70％）となった。部門としては，① パーソナル・バンキング（UKPB）部門，② アルスター銀行（UBRoI），③ コマーシャル・バンキング部門（CB），④ プライベート・バンキング部門（PB）等があり，この中では ③ CB 部門の収益性が高くなっている。資産規模的には，合併銀行であることもあり，Lloyds Bank に次ぐものとなっている。

(5) サンタンデール（Santander UK）

　サンタンデールの前身はアビーナショナルであり，それは大手住宅金融組合であったアビーナショナル住宅金融組合が 1986 年住宅金融組合法により銀行転換（相互組織から株式会社への転換）が可能となったことから，その転換第 1 号として 1989 年に転換したものである。その後，経営悪化もあり 2004 年にそれをスペインのサンタンデールが買収し，イギリス国内における商号もサンタンデール

として営業してきていた。サンタンデールは，リングフェンス銀行として Santander UK を設立し，非リングフェンス業務を 2018 年中にサンタンデール銀行（スペイン）ロンドン支店に移管した。

Santander UK の税引後利益は，7.33 億ポンド，税引前利益は 10.12 億ポンド，ROA は 0.26 %（同 0.36 %），ROE は 4.70 %（同 6.49 %）となった。同行は，旧住宅金融組合であることから，他リングフェンス銀行比較でもリテールバンキング部門（住宅ローン中心）の資産割合も大きいし，収益面においてもそれがほとんどとなっている。資産規模については，Barclays および HSBC 並みである。

Ⅴ　リングフェンス銀行の 2019 年決算をどうみるか？
（ネーションワイド住宅金融組合との比較）

前節でリングフェンス銀行の 2019 年の決算状況をみたわけであるが，低金利かつ金利が低下傾向だったこともあり，収益状況を ROA，ROE でみるかぎり，それは良好であったとはいい難い。リングフェンス銀行の 2019 年決算諸指標の低さは，中心業務が住宅ローンであることから，やむをえないかもしれない。リングフェンス銀行は新たな業態であり，かつての英銀の ROE は非常に高いものであったが，これと比較しても意味はないであろうし，よくいわれる ROE8％というのも特別の根拠があるものとは思われない。図表 4-7 は，リングフェンス銀行の資産規模，収益状況をまとめたものであるが，これと最大の住宅金融組合であるネーションワイド住宅金融組合の収益状況と比較してみることとしたい。

図表 4-7 でみるとおり，ネーションワイドの資産規模は Barclays,

図表 4-7　RFB 等の資産・利益等（2019 年[1]）

（単位：100 万£, ％）

	Barclays UK	HSBC UK	Lloyds Bank	NW Holdings	Santander UK	NationWide BS
総資産 （平残）[2]	254,851	248,021	587,427	425,386	282,527	243,171
資本 （平残）[2]	16,728	22,292	39,559	32,941	15,598	13,066
税引後 利益	156	516	2,233	1,406	733	365
ROA	0.06	0.21	0.38	0.33	0.26	0.15
ROE	0.93	2.31	5.64	4.27	4.70	2.79
CET1[3]	13.5	13.0	14.3	15.7	14.3	31.9

［注］1．各行は Nationwide BS（期末が 2020. 4. 4）を除いては年決算（期末が 2019.
　　　　12. 31）
　　　2．総資産（平残）および資本（平残）は，（2018 年末残＋2019 年末残）÷2 で
　　　　算出
　　　3．CET1 は普通株等 Tier 1 比率
［出所］各行アニュアルレポートより筆者作成。

HSBC, Santander とほぼ同規模である。収益状況的には税引後利益は，3.65 億ポンド，税引前利益は 4.46 億ポンド，ROA は 0.19 ％（同 0.15 ％），ROE は 3.57 ％（同 2.79 ％）となった。ROA ベースでネーションワイドより低いのは Barclays のみであるが，同行は税負担が高いということがあり，税引前利益ベースでのそれは 0.26 ％である。ここからコマーシャル・バンキング部門を有するリングフェンス銀行の収益性は，住宅金融組合（大手）よりも良好であるという結論を導き出すのは危険であろう。まず考えなければならないのは，決算期の違いであり，ネーションワイドの決算期はリングフェンス銀行各行と異なり期末日が 4 月 4 日（イギリスの予算年度と同じ）であり，この約 3 か月のズレが影響した可能性がある。2020 年に入って以降の新型コロナ感染症騒ぎや，さらなる金利低

下が影響した可能性があるからである。事実，ネーションワイドの2018年度の税引後利益は6.36億ポンド，税引前利益は8.33億ポンドと2019年度のほぼ倍であった。

　本章では，リテール・リングフェンス規制の成立過程およびリテール・リングフェンス銀行の収益性について検証したわけである。後者については，それは高いとはいえないものの，2019年だけを検討しただけではわからないという凡庸な結論しか見出すことはできなかった。しかし，大手の住宅金融組合との比較においては上回っており，今後の収益状況の検討を進めていくしかないということではあろう。また，図表4-7では，普通株等Tier1比率（CET1）を示してみたが，これは各行ともにバーゼルⅢの基準（7%）を大幅に上回っており，ほぼ同水準であるが，これは過去の破綻銀行の例からわかるように信頼できる数値とはいえない（ネーションワイドの同比率の高さは組織形態の相違（相互会社）によるものである）。今後において各行のリスク管理がどのようになされるかがより詳しく分析されねばならないであろう。

● おわりに

　イギリスにおいてリテール銀行業を，投資銀行業・国際銀行業と分離するリテール・リングフェンス規制が2019年1月から本格的に実施された。このリングフェンス規制は，グローバル金融危機の影響で，大手4行中の2行が国有化されたイギリスにおいて，従来の金融機関の監督体制，破綻処理制度，預金保険制度が不備であったとの反省から制定されたものであった。この規制に基づきイギリスの大手銀行は，組織改編を行った。金融危機が発生すると，ペイ

メントシステムの中核であり大衆預金を吸収している商業銀行の業
務規制を行うべきとの提案が出てくるのが一般的である。1980年
代のアメリカにおいて銀行破綻件数が急増し，貯蓄貸付組合（S&L）
が危機に陥った時に提案されたのがナローバンク（大衆預金を吸収
する銀行には，資産側にTB等の安全な流動資産のみを認める）であ
った。このナローバンク提案には，① 信用創造が不可能となり弾力
的な通貨供給が不可能となる，② 資産の収益性が乏しく経営が成
り立たないとの批判が寄せられた。これと類似しているともみなせ
るリングフェンス規制は，① の懸念については十分な配慮がなさ
れているが，② の懸念については現実のリングフェンス銀行の経
営を分析しなければわからないわけであり，とりあえず最初の年決
算について検討したわけである。

　また，リテール・リングフェンス規制は，投資銀行業務・国際業
務等のリスクにより商業銀行が破綻するのを防ぐというのがその目
的であった。その意味で，まず検証されなければならないのが，危
機発生時に実際にリスクが遮断されるか否かであるが，それは本格
的な危機が発生しなければ検証しようのないことであるといってよ
い。規制の結果として設立されたフェンス内のリングフェンス銀行
は，かつてのナローバンク提案の難点とされた信用創造問題につい
ては回避されているが，その収益性には疑問も生じていた。リング
フェンス銀行は，ローリスク・ローリターンのビジネスモデルであ
るが，そこにリスクがないわけではない。低金利環境の中で，無理
な資産拡大を行ったり，不健全な高イールド資産を漁ったりするよ
うな活動があれば，その経営は一気に悪化するかもしれないからで
ある。なお，最後に付け加えておけば，リングフェンス銀行はナ
ローバンクというよりも，1986年住宅金融組合法以降の住宅金融

組合に近い存在であるように思われる。1986年法は典型的な貯蓄金融機関であった住宅金融組合に，ペイメントサービスの本格提供を認めることにより預金設定による貸出（信用創造）を認め，住宅ローン以外の貸出も一部認め，ホールセール資金の吸収も上限付きで認めた。その後，大手住宅金融組合のほとんどが銀行（株式会社）に転換したのは，種々の理由があったが，ホールセール資金調達の上限規制を嫌った（その裏側には資産を拡大させたいとの欲求があった）のが，そのひとつの理由であった。銀行に転換した大手住宅金融組合の多くが破綻したり，経営悪化により買収されたりしたことは示唆的であるといえよう。

注
1）Independent Commission on Banking [2010]
2）Independent Commission on Banking [2011a]
3）Independent Commission on Banking [2011b]
4）HM Treasury and BIS [2011]
5）HM Treasury and BIS [2012]
6）各行別の組織再編の具体的姿については，掛下［2019］においても詳しく紹介されている。

第5章

リテールペイメントの変化の波

● はじめに

　世界各国において，ペイメントのあり方はかなり異なっていたし，現在でもそうであるといってよい。大きくは，伝統的な小切手社会（アングロ＝サクソン諸国）と振替（ジロー）社会（ドイツ等）に分けることができ，前者よりも後者の方が現金使用の割合が多い傾向にあるといわれてきた。日本は，後者の振替社会に属するが，その中でも現金嗜好の強い国であったし，現在でもそうであるといえよう。

　その日本において，2014年6月に閣議決定された「日本再興戦略改訂2014」において，現金（銀行券および硬貨）の使用をできるかぎり削減するキャッシュレス化を推進する方針が打ち出された。さらに同戦略は2015年6月に改訂され，2020年の開催予定であった東京オリンピック・パラリンピック競技大会までにキャッシュレス決済の普及による利便性・効率性の向上を図ることを金融・資本市場の活性化等の具体的施策のひとつとして掲げられていた。その後も「未来投資戦略」（2017年）や「キャッシュレスビジョン」（2018年）等において，キャッシュレス化の促進がうたわれている。さらには2020年に本格流行した新型コロナ感染症は，現金使用の危険性を浮かび上がらせることにもなっている。

　しかしながら，日本においては個人のペイメントにおいて現金使用の比率が高いことが従来から指摘されてきた。現金の使用額ではなく残高（対GDP比）ではあるが，図表5-1をみるならば国際的比較において日本のその比率の高さがわかるであろう。これは日本の治安が比較的よいことや，近年の低金利が現金保有の機会費用を

図表 5-1　GDP 比の銀行券・コイン（2014 年）

図表 5-1　GDP 比の銀行券・コイン（2014 年）

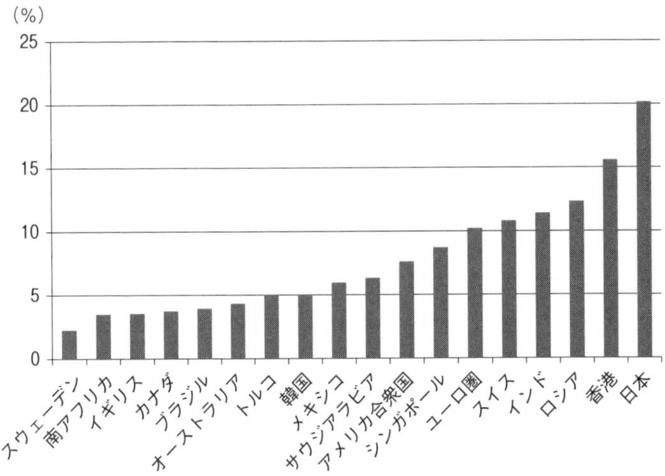

[出所] 淵田 [2016] 13 頁。

　低下させている等の要因もあろう。また，伝統的小切手社会といわれるアメリカ（ドル札の半分以上は海外で流通しているといわれているので，国内の残高は図表 5-1 よりもかなり低い）やイギリスでは低いということも考えられる。しかし小切手社会ではなかったスウェーデンやデンマーク等の北欧諸国においてはキャッシュレス化が進展して，低金利にも関わらず現金残高が減少傾向にある。世界的に個人のリテールペイメントには大きな変化が起きているといえるのである。

　図表 5-2 は，日本・アメリカ・イギリス・スウェーデンの現金比率（対 GDP）の推移をみたものであるが，日・米・英の 3 か国においては，低金利を背景にそれが伸びている一方で，スウェーデンにおいてはそれが下落していることがわかる。また，日本の現金比率

図表 5-2 現金比率の推移

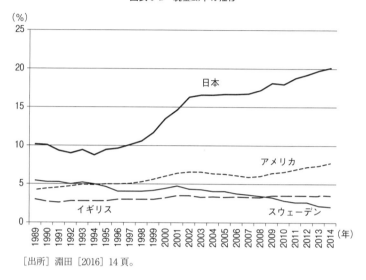

[出所] 淵田［2016］14 頁。

は高いだけでなく，その伸びが大きいこともわかる。

　本章においては，以下で伝統的小切手社会であったイギリスにおいて，近年におけるキャッシュレス化の進行具合はどのようなものであるかについて検討する。そして，それがどのような要因によるものなのか，そのことの影響はどのようなものか等について検討し，そこからイギリス金融の変化を展望することとしたい。

Ⅰ　銀行券（キャッシュ）の状況

　イギリスにおけるキャッシュレス化を検討する前提として，まずは現金（キャッシュ）の状況がどのようになっているかを検討することとしたい。図表 5-3 でイングランド銀行券の発行残高の推移を

図表 5-3　イングランド銀行券発行残高

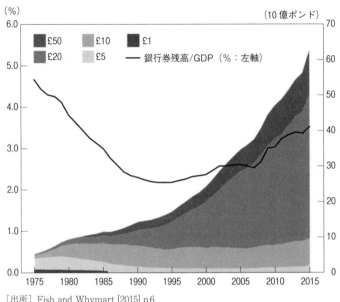

[出所] Fish and Whymart [2015] p.6.

みるならば，一貫して上昇傾向にあることがわかる[1]。ただしそれ
は最高額面の 50 ポンド札ではなく，20 ポンド札中心である。また，
発行残高の対 GDP 比でみるならば，1990 年頃までは低下傾向に
あったものの，それ以降は逆に上昇していることがわかる。イギリ
スにおいてキャッシュレス化は進行しているのであろうか。

　これについては 2014 年頃までの銀行券発行，支払い状況を分析
した論文が 『イングランド銀行四季報』（Fish and Whymart [2015]）
に発表されている。同論文によると，2014 年時点における支払回
数の 52％は現金であり，金額ベースでも過去 15 年間安定的である。
しかしながら支払金額のシェアは低下しており，2014 年の現金に

よる支払金額は1,660億ポンドであるのにたいして，デビットカードのそれは3,620億ポンドとなっているとしている。同論文は，銀行券（2015年7月末発行残高626億ポンド）の保有動機を，① 国内（取引動機），② 国内（退蔵動機），③ 国外（取引動機），④ 国外（退蔵動機），⑤ シャドウエコノミー（取引動機），⑥ シャドウエコノミー（退蔵動機）の6カテゴリーに分け，① 国内（取引動機）に基づく保有は，せいぜい150〜190億ポンドに過ぎないと推計している。これはこの動機に基づく現金保有は全体の21％から27％に過ぎないということである。これについては，2000年においては，34％から45％であったと推計されており，徐々に低下してきているとしている。

　この① 国内（取引動機）に基づく保有についてより細かくみるならば，金融機関保有が100億ポンドと最も大きく，小売店等が20〜50億ポンド，消費者保有が30〜40億ポンドと推計している。イギリスにおけるキャッシュレス化を検討する場合には，銀行券発行残高の表面的な計数ではなく，消費者の取引動機に基づく保有および実際の支払動向に着目すべきかもしれない。現金残高が増加したとしても，① 国内（取引動機）に基づく保有が減少し，実際の支払回数・金額が減少するのであれば，それはキャッシュレス化の進展とみなしてよいと思われるからである。

　同論文は，② 国内（退蔵動機）に基づく保有については約50億ポンドと推計している。金融サービス補償機構（FSCS）による預金保護はあるものの，他方で低金利による現金保有の機会費用が低いことや，その他の非合理的な理由もあり保有されているとしている。③ 国外（取引動機）および④ 国外（退蔵動機）については，外国旅行関連および外国為替に関連する業者により保有されていると

している。さらに，⑤ シャドウエコノミー（取引動機），⑥ シャド
ウエコノミー（退蔵動機）については，前者が合法取引ではあるが
税当局等に捕捉されないものおよび非合法取引のための保有であ
り，後者が犯罪目的およびその結果，脱税等による保有であるとし
ている。

　なお，同論文は，現金需要に影響を与えるものとして，まず「①
代替的な支払い手段」を挙げ，従来の決済手段の延長線上のものと
してコンタクトレスカード，その他では Apple Pay 等のモバイル・
ウォレット，iZettle，Uber，Paym 等を挙げている。この他に影響
を与えるものとしては，「② 代替的通貨」を挙げ，具体的には地域
通貨および仮想通貨を挙げている。さらには「③ 小売店・商業銀
行の戦略」，「④ 政府の介入」（福祉関係の支払の非現金化・インター
チェンジフィー規制等），「⑤ 社会経済的・地政学的変化」，「⑥ 公衆
の現金にたいする嗜好」を挙げている。「④ 政府の介入」に関連し
ては，イギリスにおいてはイングランドとウェールズにおいてスク
ラップメタルの購入において現金が禁止されている程度であるが，
他のヨーロッパ諸国においては，脱税やマネーロンダリングを防止
するために一定額以上の現金の使用を禁止するのが一般的であると
している。同論文は，イングランド銀行スタッフによる論文である
こともあり，現金支払のコスト面の優位性（デビットカードの8分
の1，クレジットカードの30分の1としている）や普遍性や匿名性と
いた特性を強調しており，現金使用の未来についても楽観的である
ような印象がある。

　本節の最後においては，コロナ禍における銀行券の発行および使
用状況についての 2020 年末の『イングランド銀行四季報』の論文
「Covid 時代のキャッシュ」（Casewell,E.[2021]）を紹介することとし

たい。

　同論文においては，近年のノンキャッシュ・ペイメントの進展により，銀行券使用は相対的に減少している一方で，2017 年まではその残高（コインを含む）は増加している（図表5-4）。これについては「銀行券のパラドックス」と呼ばれるとしている。ここで興味深いのは，図表5-5 で ATM からの現金支払い（公衆の現金引出の90％を占める）の状況をみるならば，2020 年 3 月以降は例年よりも明らかな減少傾向がみてとれるのである。図表5-6 は，実額ベースでみた銀行券の発行残高であるが，2017 年から 19 年にかけては発行残高は増加していないが，2010 年 5 月以降は上昇していることが分かる。

　これはおそらくは銀行券の金融機関への還流が減少しているということであるが，同論文では銀行券の残高の増加の理由については以下のとおり分析している。新型コロナ感染症禍において，非現金リテールペイメント（カード等）のシェアは上昇しているが，同論文は中央銀行の論文らしく，ウィルスが紙幣に付着したとしても 5 時間以内にウィルス量は急速に減少するし，これはポリマー製（現在，イギリスの銀行券の一部はポリマー製となっている）の場合でも大きな変化はなかったとしている。もちろんこの実験結果が真実であるとしても，一般の認識が銀行券の現物は危険というものであれば，現金使用の頻度は低下するであろう。

　それでは，コロナ禍の中で銀行券の残高が増加している理由は何であろうか。その第 1 は，人々（主として家計）がコロナ禍以前よりも銀行券の保有量を増やしたということである。これは何らかの緊急時に備えてということが考えられる。そして現金使用を控えるようになり，パブ等の現金使用が一般的な場所が閉鎖されたことも

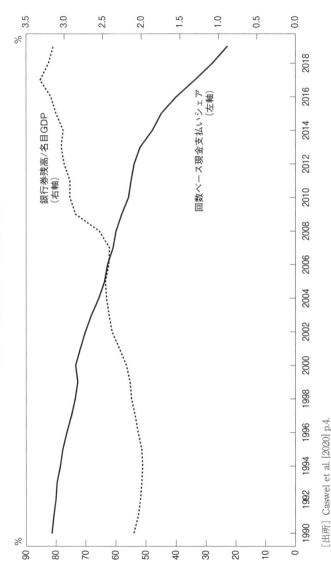

図表 5-4 銀行券残高・支払回数の推移

[出所] Caswel et al. [2020] p.4.

図表 5-5 ATM からの銀行券引出額

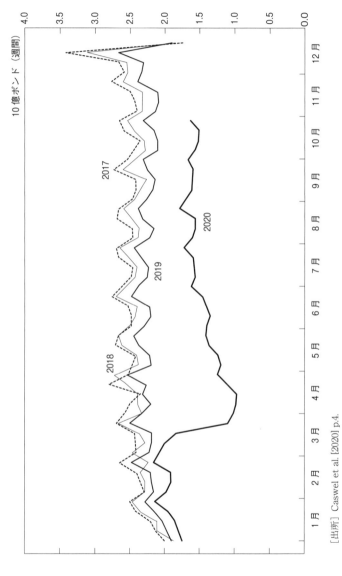

10 億ポンド（週間）

[出所] Caswel et al. [2020] p.4.

図表 5-6　銀行券発行残高

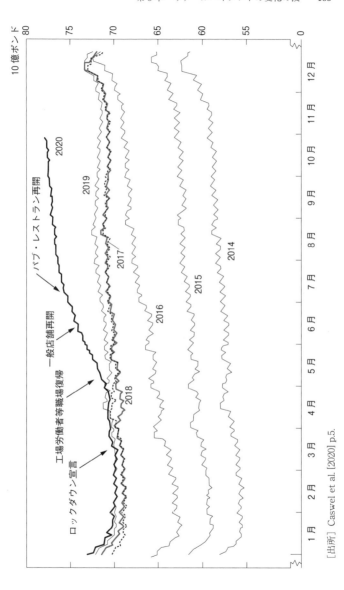

[出所] Caswel et al. [2020] p.5.

影響しているのではないかとしている。第2の理由として同論文が指摘しているのが，封鎖措置が緩和され，経済活動が回復したことから，個人間（非小売）での現金使用（隔離を理由とする個人間の支払い等）を増加させ，こうした現金が金融機関へと還流しなかった（もしくは還流までの時間がかかった）可能性があると指摘している。同論文によれば，小売業者や金融機関が現金保有を増加させた証拠はみつからなかったとしている。

　なお，本章で紹介した2015年の『イングランド銀行四季報』（Fish and Whymart [2015]）に発表された論文によると，2014年時点における① 国内（取引動機）に基づく保有は，せいぜい150〜190億ポンドに過ぎず，この動機に基づく現金保有は全体の21％から27％と推計されているが，本節で紹介した論文においても20％から25％（2020年時点）と推計されている。銀行券の残高の動向は，残りの75％以上の動向にも大きな影響を受けることは留意すべきであろう。

　銀行券をめぐる状況は以上で述べたとおりであるが，以下では近年のイギリスのペイメントの実態は如何なるものであるかということについてみてみることとしたい。

Ⅲ 近年のリテールペイメントの状況

　前述の『イングランド銀行四季報』の論文（Fish and Whymart [2015]）においては，イギリスのペイメントシステムの歴史について，17世紀から1960年代までは小切手・銀行券・コインが圧倒的であったのが，1966年のクレジットカード，1968年の自動決済（ダイレクトデビット・ダイレクトクレジット），1987年のデビットカー

ド，2008年のファースター・ペイメント（小口の同日決済振込）[2]の
それぞれの登場が，ペイメントの態様を大きく変化させてきたとし
ている。

　なお，同論文発表時以降のイギリスにおけるペイメント（回数
ベース）の状況であるが，デビットカード使用の増加，現金使用の
減少が続いており，2017年の時点ではほぼ同じ，2018年時点ではデ
ビットカード（39％）が現金（28％）を逆転している（図表5-7）。
なお図表5-7においてはダイレクトデビットが若干ではあるが着実
に増加していることが注目される。いわゆる自動引落（口座振替）
であるが，1968年の導入以来イギリスの銀行界はその普及に苦労
してきた。日本ではすぐに普及したダイレクトデビットが，なぜイ
ギリスでは普及に苦労したかというと，そこにはイギリスが小切手
社会であったということが大きく影響していたといわれている。例
えば伝統的なクレジットカードの利用額のイギリスにおける支払方
法は，請求書が届いた後に，利用額を確認し，最低支払金額以上の
任意の金額の小切手を郵送するというものであった。イギリス人
は，このように自分の支払う金額について，自分でコントロールし
たいというメンタリティが強く，毎月の支払額が変動するダイレク
トデビットの普及の障害となっているといわれていた[3]。イギリス
において普及していたのは毎月の支払額が変動しないスタンディン
グオーダー（定額支払，変動する支払額については年に1回程度調整）
であった。ダイレクトデビットの普及は，イギリス人のペイメント
に関する嗜好の変化と大きく関連しているように思われるのであ
る。なお，ここで注目されるのは，小切手の役割が非常に小さなも
のとなってきていることである。

　イギリスにおいてリテールペイメントの中核となってきているデ

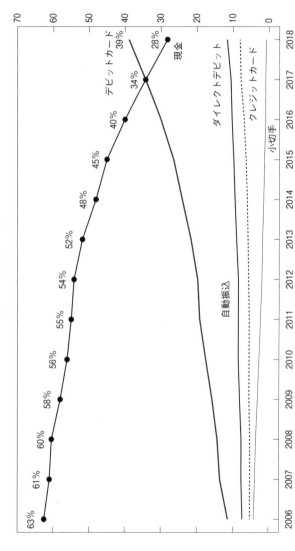

図表 5-7 支払回数の推移

[出所] Cunliffe [2020] p.13.

ビットカードが登場したのは 1987 年のことである。イギリスは伝統的小切手社会であるといっても，それは小切手の大衆利用が大昔から一般的であったということではない。イギリスの商業銀行が大衆化を本格化させたのは第二次世界大戦後のことであり，制度的な消費者信用業務に進出したのは 1950 年代末のことである。この時期以降，イギリスの商業銀行の対個人戦略は，それ以前よりも積極化し，個人の当座預金口座保有も拡大していった。

　この個人の当座預金保有の拡大，すなわち小切手利用の拡大は，不渡小切手数の増大という事態を招き，小売店等における小切手受け取り拒否を招くこととなった。これに対応して登場したのが小切手保証カードであり，その最初のものは 1950 年 10 月に導入された。銀行は優良顧客にたいしては小切手保証カードを発行し，そのカードの提示が確認された小切手については不渡となった場合においても，カード記載の限度額までの支払いを銀行は小売店等にたいして行った。小売店等ではカード保証限度額以下の小切手しか受け取らなくなり，このことは小切手の使い勝手を悪くしたものの，個人の小切手の流通性の増加につながり，カードの普及は当座預金保有，小切手利用を促進した。また，その後この小切手保証カードの限度額は段階的に引き上げられるとともに，キャッシュカードと一体化し，さらにデビットカードと一体化するのが通例となっていった。

　ただし，個人の小切手利用の拡大は，銀行にとってそのハンドリングコストの増加が問題として認識されるようになってきた。また，小切手保証カードの損失は完全に銀行負担となっていたことも，銀行からすれば問題であった。一方，消費者側からしても小切手帳を常に携帯するのは煩雑なことであったし，他の消費者が小売

図表 5-8　プラスチックカード発行枚数 (1991 97)

（単位：1,000 枚）

		1991	1992	1993	1994	1995	1996	1997
クレジットカード		29,025	28,631	27,588	28,456	30,778	34,149	38,443
	Master Card	11,554	11,169	10,351	10,891	11,656	12,829	14,533
	VISA	15,941	16,109	15,916	16,225	17,646	19,710	22,275
	その他	1,531	1,442	1,321	1,340	1,476	1,599	1,635
デビットカード		20,114	22,596	24,118	26,049	28,441	32,473	36,646
	Switch	11,804	12,377	12,930	13,811	15,162	16,295	18,287
	VISA	8,310	10,219	11,188	12,238	13,279	16,178	18,359
ATM カード[1]		27,200	26,968	26,580	25,986	26,835	24,702	24,320
小切手保証カード[2]		8,281	7,487	5,924	4,582	4,142	3,754	3,451
ユーロチェックカード		1,875	1,734	1,674	1,696	1,634	1,575	1,496
総　計		86,496	87,396	85,884	86,769	91,830	96,642	104,355

［注］1．ATM カード機能のみおよび小切手保証カード機能の付加されたもの。
　　　2．小切手保証カード機能のみ。
［出所］APACS [1998] p.30.

店等で小切手で支払う際に，小切手保証カードの確認に時間がかかり，長時間待たねばならないという不満もあった。このことは小売店等においても問題として認識されていたし，これに加えて小切手を入金した場合の資金化までの時間が長いことにも不満があった。

　このような状況下において 1987 年に導入されたデビットカードは，小切手を代替する形で，その支払回数・支払金額を伸ばしていった。1990 年代のカード発行枚数を図表 5-8 でみるならば，1990 年代の半ばでデビットカードはクレジットカードに追いつきつつあることがわかる。これは，デビットカードがキャッシュカードと一体化していることによるものである。デビットカードは，発行枚数が増加しているだけではなく，実際に数多く使用されるよう

図表 5-9　カード支払回数・金額（1991-97）

		1991	1992	1993	1994	1995	1996	1997
								（単位：100万回）
支払回数	クレジットカード	699	724	748	815	908	1,025	1,128
	Master Card	274	265	272	295	325	364	404
	VISA	387	416	431	472	532	601	661
	その他	38	42	44	47	51	60	63
	デビットカード	359	522	659	808	1,004	1,270	1,503
	Switch	169	269	344	425	535	684	802
	VISA	190	253	315	383	468	587	701
	総　計	1,058	1,246	1,407	1,623	1,912	2,296	2,631
								（単位：100万ポンド）
支払金額	クレジットカード	28,615	30,727	33,341	37,532	42,508	50,330	58,057
	Master Card	11,046	10,905	11,776	13,149	14,729	17,239	19,760
	VISA	14,907	16,526	17,789	20,055	22,821	27,292	31,718
	その他	2,662	3,296	3,776	4,327	4,958	5,800	6,579
	デビットカード	9,508	13,840	17,870	22,424	28,456	37,056	45,058
	Switch	4,507	6,997	9,134	11,602	14,971	19,697	23,789
	Visa	5,001	6,844	8,735	10,822	13,485	17,358	21,270
	総　計	38,123	44,567	51,211	59,956	70,964	87,386	103,115

［注］イギリス国内発行カードの国内支払回数・金額
［出所］APACS [1998] p.34.

になっていった。

　図表5-9は国内発行カードの国内支払回数・支払金額をみたものであるが，デビットカードの支払回数は，1995年以来クレジットカードのそれを上回っている。しかしながら，支払金額でみるならば，デビットカードのそれはクレジットカードを1997年においても下回っている。デビットカードはクレジットカードよりも平均的な1回あたりの支払金額が少額であるという傾向があり，このこと

図表 5-10 ペイメントの態様 (個人:回数ベース)

(単位:%)

	1976	1981	1984	1989	1990	1991	1992	1993	1994	1995	1996	1997
現金	93	88	86	80	78	78	76	76	72	71	70	67
非現金	7	12	14	20	22	22	24	24	28	29	30	33
(非現金支払中の比率)												
小切手	68	68	64	55	52	49	45	41	38	33	30	26
ダイレクトデビット	21	20	22	23	23	24	25	26	26	27	28	27
プラスチックカード	7	9	13	18	20	23	26	29	33	37	41	43
クレジットカード	6	8	12	15	15	14	14	14	15	16	17	17
デビットカード				2	4	8	11	13	16	19	22	24
流通系カード		1		1	1	1	1	2	2	2	2	2
その他	2	2	1	4	5	3	4	4	3	3	2	4

[出所] APACS [1998] p.47.

から小切手代替のみでなく現金代替の支払手段となっていく可能性を有しているといえる。

　図表5-10は,1976年から1997年までの約20年間のイギリスにおけるペイメントの形態(回数ベース)をみたものであるが,現金によるペイメントから非現金ペイメント(基本的には銀行預金による決済)への大きな流れをみてとることができる。その意味で1990年代におけるデビットカード利用の急伸は,小切手代替として進展したわけであるが,現金によるペイメントから預金によるペイメントへの大きな流れとしてとらえることもできる。そして21世紀入り以降のデビットカード利用のさらなる急伸は,イギリスにおけるキャッシュレス化を進行させる方向での動きであるとみなすことが可能であろう。

Ⅲ　クレジットカードとデビットカード

(1) カード発行枚数・利用状況等

　前節においてはイギリスのリテールペイメントにおいてデビット
カード利用が急伸していることをみてきたわけであるが，デビット
カードと通常よく比較されるのはクレジットカードである。実際，
日本における J-Debit とは異なり，イギリスにおいては小売店・レ
ストランにおいて，両者のターミナルは同一であり，使用感には差
はみられないのである。このような中で両者はどのように分けて使
用され，どちらがより選好されているのであろうか。以下では両者
の近年の利用状況についてみることとする。

　まず発行枚数について図表5-11でみるならば，2000 年代の後半
において両者は逆転しており，さらにはクレジットカードの発行枚
数が若干ではあるが減少傾向にあることが注目される。これは，前
述のとおりデビットカードがキャッシュカードと一体化しているこ
との他，クレジットカードには審査があることが影響している。さ
らにはデビットカードの利便性の増加は，年会費の存在するクレ
ジットカードがなくとも生活に不便はないこと等から，近年の発行
枚数の状況が説明できるであろう。

　なお，2015 年末の状況をみるならば，クレジットカード（含む
チャージカード）の発行枚数は 6,500 万枚で，前年比 2.1％増となっ
ている。この中でプラチナカード・ゴールドカード 1,800 万枚であ
り，高額の年会費を払ってもそれに見合うサービスへの需要は存在
するといえよう。一方，デビットカードの発行枚数は，9,900 万枚
で，前年比 2.5％増となっている。内訳をみるならば，Visa が 9,470

図表 5-11　カード発行枚数

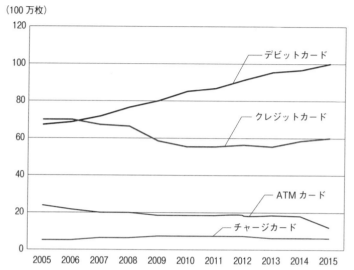

（100 万枚）

［出所］UK Cards Association [2016] p.6.

万枚と圧倒的であり，あとは Mastercard が 320 万枚となっている。次に，支払回数・支払金額の状況を図表 5-12 および図表 5-13 でみるならば，ここでもデビットカードの優位は明らかである。そして近年においては国外においてもデビットカードが優位となっていることも注目される。2015 年でみるならば，デビットカードの使用金額は 4,860 億ポンド（うちオンライン利用は 33%），クレジットカードは同 1,740 億ポンド（同 29%）となっている。ここで 1 回あたりの使用金額をみるならばデビットカードは 42.3 ポンド，クレジットカードは 68.8 ポンドとなっており，デビットカードの登場以来の傾向は継続していることがわかる。

図表 5-12　カード利用回数

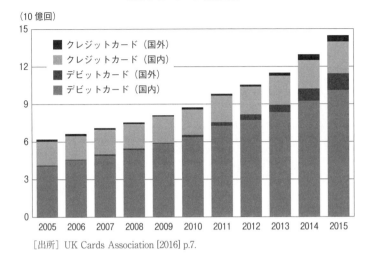

［出所］UK Cards Association [2016] p.7.

図表 5-13　カード利用金額

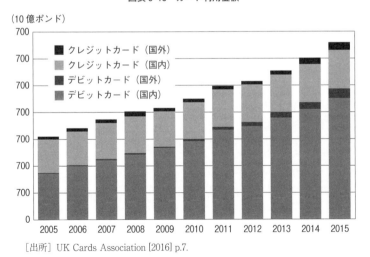

［出所］UK Cards Association [2016] p.7.

（2）進むコンタクトレス化

　近年のプラスチックカードにおける技術革新において重要なものとしてコンタクトレス化を挙げることができる。イギリスにおいてもカードの発行者は，その不正利用・詐欺的使用に苦しんできている。それへの対応としての技術革新が IC カード化であり，PIN 認証であった。IC カード・PIN 認証がカードの基本となってきた中で，これに非接触型の支払い機能を付加したコンタクトレスカードが登場したのは 2007 年のことであるが，それ以降において発行枚数・支払回数・支払金額ともに急増しているのである。なお，2007年の登場時においては，コンタクトレスカードの限度額は 10 ポンドであったが，2010 年に 15 ポンド，2012 年に 20 ポンド，2015 年に 30 ポンド，2020 年に 45 ポンドと段階的に拡大してきている。

　このコンタクトレスカードは，使用感覚でいえば日本の電子マネーに近いものであるが，統一ロゴで運用されており，その点が乱立気味の日本の電子マネーとは異なるといってよい。また，NFC規格の対応ターミナルがあれば国外でも非接触型カードとして使用可能である[5]。ブランド的には Visa がそのほとんどを占めており（この他には Mastercard），小売店・レストラン等におけるターミナルも対応するものであれば，通常のデビットカード・クレジットカードと同一である。

　コンタクトレスカードは，自動販売機等での使用も可能であり，地下鉄・バス等（ロンドン）においては交通カードとして使用することが可能である。ロンドン交通局（TfL）では，2012 年 12 月にバスでのコンタクトレスカードの使用を可能とし，2014 年 3 月に地下鉄での試験運用，同年 9 月の全面運用という形でその使用を拡大してきた。なお，ロンドンのバスは 2014 年 7 月以降，現金使用

ができなくなっており，交通系カード（オイスターカード・トラベルカード）およびコンタクトレスカードのみが使用可能となっている。その理由は，キャッシュレス化を進展させるというよりも，深夜バスのドライバーのリスク削減（現金窃盗等の被害の防止）およびバス運行の迅速化であるが，結果としてキャッシュレス化を進展させることにもなっている。

　プラスチックカード全体に占めるコンタクトレスカードの割合は，2013年には24％であったが，2014年には36％，2015年には49％と急速度で切り替えが進んできており，2016年初めには50％を超え，さらに上昇している。これに対応して小売店等におけるターミナルもコンタクトレスカード対応のものの割合が急上昇している。これによりデビットカードの平均使用金額は，従前よりさらに少額化する傾向をみせてきている。コンタクトレス化したデビットカードは，日本における電子マネーのようにコインを代替するようにもなってきているのである。

　なお，イギリスにおいては1990年代後半にスーパーマーケットによる銀行業務への参入が相次いだ。これとデビットカード利用の拡大とは関連しているわけであるが，この時期頃からスーパーマーケット各社はキャッシュバックサービスという業務を推進していった。この業務は顧客がカードで買い物をした際に，買い物金額に加えて現金を手渡しし，合計金額をカード利用代金とするというものである。このキャッシュバック額は，図表5-14でみるとおり2014年15年に急減している。

　一方で，図表5-15でみるように2015年のキャッシュバック（デビットカード）の1回あたりの平均金額は25ポンドであり，同年にコンタクトレスカードの上限金額が30ポンドに上昇したことの影

図表5-14　キャッシュバック

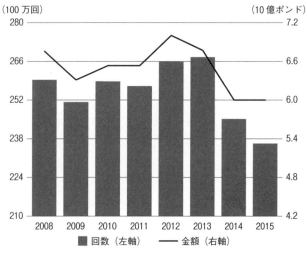

（100万回）　　　　　　　　　　　　　　　　　　（10億ポンド）

［出所］Payments UK [2016b] p.38.

図表5-15　現金平均引出額（2015）

（単位：ポンド）

キャッシュバック（デビットカード）	25
ATM	69
支店窓口（カード）	271
小切手現金化	158
通帳引出	358

［出所］Payments UK [2016b] p.38.

響を受けていることが推察される事態である。近年のデビットカード利用の急伸が，現金代替により進んでいることのひとつのあらわれであるようにも思われる。

　このコンタクトレス機能は，デビットカードだけでなくクレジッ

図表 5-16　コンタクトレスカードの利用回数

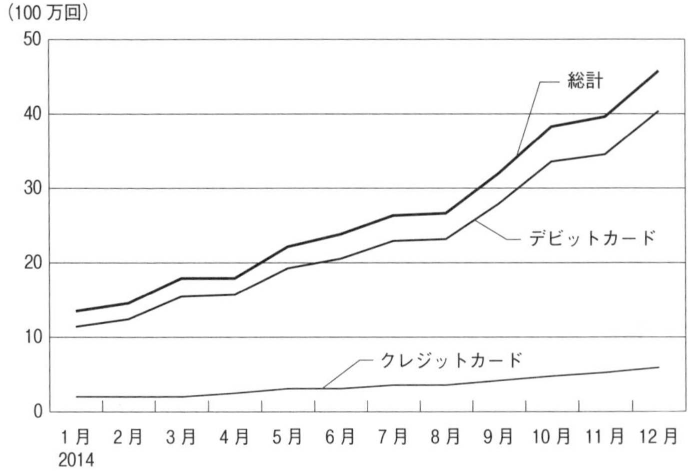

［出所］UK Cards Association [2015] p.4.

トカードにも搭載することは可能であるが，クレジットカードの発行枚数の伸びはデビットカードに及ばない。これを支払回数を図表5-16でみるならば，デビットカード利用が圧倒的となっており（これは支払金額ベースでも同様である），少額支払におけるデビットカードの優位は通常使用よりも際立っているのである。

(3) デビットカード優位の理由

　以上みたように，イギリスにおいてはクレジットカードよりもデビットカードが優位となっているわけであるが，その理由は何であろうか。まず，発行枚数の違いについては，クレジットカードには，前述のとおり審査・年会費の存在があり，デビットカードには基本的にはこれらが存在しないという点が挙げられる。勿論，年会

費があってもゴールドカード・プラチナカード等による特典を受けたいと思ったり，ステータスとしての保有に魅力を感じる顧客層は当然いるわけではあるが，カード保有者の数という面ではデビットカードが優位に立つこととなるのは当然であろう。

　この他には，クレジットカード利用の際に現金価格にサーチャージが付加される場合が，それほど多くはないものの存在するということが挙げられる。さらには，クレジットカードについては日本のように自動引き落としではなく請求書が届いてから，何らかの手段により支払うというアクションが必要である[6]。これを煩雑と感じる層が若い世代を中心に増えてきていることも影響していると思われる。

　近年において，クレジットカードの利用が伸びてはいるもののデビットカードのそれより緩慢である大きな理由としては，リーマン・ショック以降において，家計が債務を負うことに慎重になっていることが挙げられる。イギリスにおいては，2007年9月に住宅金融大手のノーザンロックが流動性危機に陥り，140年振りといわれる取り付け騒ぎが発生したし，リーマン・ショック後においては，4大銀行のうちの2つ（ロイヤル・バンク・オブ・スコットランドおよびロイズ・バンキング・グループ）が国有化されるなど，金融システムが大きく動揺した。それ以降において，消費者の行動には大きな変化がみられるようになったのである。

　クレジットカード金利は，住宅ローン金利等が低水準となっている近年においても高止まりしているが，このこともクレジットカード利用の相対的な低迷に影響していると思われる。さらにイギリスにおいては，アメリカのような制度的なホームエクイティローンは一般的ではないものの，住宅ローンとして必要な額以上の借入を行

い，その分を消費に回すという行動（モーゲージ・エクイティ・ウィズドロウワル）が以前から観察されてきた。債務を負うことに慎重なだけではなく，債務の金利についても敏感となった消費者は，クレジットカードによる借り入れよりも，モーゲージ・エクイティ・ウィズドロウワルを選択してきていると考えられるであろう。

　以上に加えて，カードの発行会社の戦略や，加盟店手数料がデビットカードの方が安く，小売店等がデビットカード利用を歓迎することも影響している可能性はある[7]。デビットカードは，使用額，預金残高管理が楽であり，小切手と使用感覚も似ていることが伝統的小切手社会であったイギリスにおいてそれが選好される理由であろう。小切手とデビットカードでは不渡り（支払不能）が支払者側の事情から発生するかしないかという点では異なるのではあるのだが。それはともかくとして，かつての小切手帳および小切手保証カードを持っていないと不便であったイギリス社会が，デビットカード利用の広がりとともに，デビットカードを持っていないと不便な社会，逆からいえばデビットカードさえ持っていれば日常生活に不便はないという状況を作り出してきているといえるであろう。

● おわりに：小切手社会イギリスの終焉と
　　　キャッシュレス化

　以上，イギリスのリテールペイメントの近年の状況をみてきたわけであるが，まず明らかとなったのは，もはやイギリスは小切手社会とはいえないということであった。その象徴とでもいうべきものが，個人の小切手利用を促進してきた小切手保証カードの 2011 年における廃止であった。もっとも銀行界は 2000 年代末には小切手

の廃止方針を示したが，各方面からの反発により，その方針は撤回された。それはともかくとして，イギリスにおいて現金利用を節約してきた小切手は，その重要度を大きく低下させてきているのである。

　当然のことながら，小切手利用の後退は現金の復活を意味するわけではない。イギリスにおけるリテールペイメントにおける近年の主流はデビットカードなのである。1987年に登場したデビットカードは，当初は小切手を代替する形でその支払回数・金額を伸ばしてきていた。しかしながら世紀転換以降は，現金使用を代替する形でもそれらを伸ばしてきている。2007年に登場したコンタクトレスカードは，現金利用をさらに縮小させ，デビットカードがイギリスにおけるキャッシュレス化推進の中心となっているのである。イギリスではデビットカードを保有しないことの不便さが，かつての小切手帳を保有しないことの不便さよりも大きくなってきているように思える。それはコンタクトレス化したデビットカードが，かつてにおいて現金利用が優位であった少額利用の分野にも進出してきたものによるのであろう。業界の2010年代中頃の予測においては，2020年代初頭には支払回数ベースにおいてもデビットカード利用が現金利用を上回るとのことであったが，実際には2017年において両者はほぼ同数となり2018年以降はデビットカード利用が現金利用を上回っている。この状況は今後も続き，コロナ禍はさらにそれを促進させると予想されているのである。

　これにたいして現金社会の日本においては，1998年に導入されたJ-Debitは認知度が高まらずに低迷している。一方で，ブランド・デビットカードの伸びは急速ではあるものの，2015年の支払金額は9,000億円以下であり，イギリスとは日本円に換算して2桁

違う状況である。日本ではクレジットカードの方が優位であり，ブランド・デビットカードについては使用時に（J-Debit と間違われないように）「クレジットカード使用と小売店等の店頭でいうように」との注意さえなされている状態のようである。

　もっともマンスリークリアが中心で自動引き落としの日本のクレジットカードは，イギリスのデビットカードとの類似性があるともいえる。決済不能リスクはあるものの，それを除くならば，両者の違いは決済までの期間のそれほど大きくもない違いでしかないということも可能である。また，コンタクトレス（デビット）カードにしても，クレジットカードに電子マネー機能を付加したもの（特にポストペイ型の iD 等）と同様のものとみなしてよいかもしれない。日本においては，種々の電子マネーがコインを相当程度に代替してきている。今後のキャッシュレス化の進展のためには，イギリスの例からは，デビットカードやモバイル・ウォレットの利用促進がとりあえずは考えられる。しかしながら日本の現状を考えるならば，案外，電子マネー機能を付加したクレジットカード関連の種々の利用促進のためのインフラストラクチャー整備が重要となってくるかもしれない。

　ただし，イギリスのデビットカード利用の急伸や中国におけるアリペイやウィーチャットペイの急速な普及，さらにはスウェーデン等の北欧諸国における状況（キャッシュレス・ペイメントの急速な普及と現金残高の急減少）でわかるとおり，ペイメントの状況は短時間で変化する。これに加えて中央銀行デジタル通貨（CBDC）の動向も注目されるところであり，変化への迅速な対応のためにも研究面の進展が望まれることを指摘しておきたい。

注

1）イギリスにおいては，中央銀行であるイングランド銀行の他にも，スコットランドで3行の，北アイルランドでは4行の民間商業銀行が，現在においても銀行券を発行している。その発行残高は，2015年2月末で66億ポンドであり，コインの残高（42億ポンド）よりも多くなっている。

2）ファースター・ペイメントは，通常の資金振替システムであるBACSが決済（資金化）までに3営業日程度かかるのにたいし，同日中（約2時間後）に資金化できる決済スキームである。送金には10万ポンドの上限があり，銀行間の決済は1日3回の時点ネット決済により行われる。ファースター・ペイメントでの送金は週7日・24時間受付である。前述のPaym（2014年4月にサービス開始）は，このスキームを利用しているが，これは携帯電話番号だけで相手の銀行口座に入金できるサービスである。数人でレストランで食事をする際に，支払いは誰かのデビットカードで行い，割り勘分の支払いはPaymで行うというようなことも増えてきているようであり，このような動きにより現金の節約はさらに進んでいくといえよう。

3）日本において自動引落（口座振替）は1961年に日本クレジットビューロー（現JCB）がクレジットカードの発行を開始した際に導入されたものであるが，1960年代に公共料金の支払等にも徐々に普及していった。日本の場合は，変額引落にたいする消費者の拒否感はなかったものの，普通預金の残高不足は頻発した。これへの対応として日本の銀行界が開発したのが普通預金に定期預金担保の貸付をセットした「総合口座」（1972年導入）であった。

4）CHAPS（The Clearing House Automated Payment System）は，イギリスにおける大手金融機関間の大口ポンド建ての即時グロス決済（RTGS）による資金移動システム。

5）国際的にはPaywave（Visa）/PayPass（Mastercard）との呼称が一般的であり，日本でもこれらの機能を付加したクレジットカードが登場している。

6）これについてもかつては小切手の郵送もしくは支店への持参が通常であったが，近年においては，インターネット・バンキングの利用等が主流となってきている。

7）EUでは2015年12月に，プラスチックカード関連の国際ブランド決済に関わるマルチラテラル・インターチェンジフィー（加盟店開拓等を行うアクワイアラーからカード発行会社に支払われるインターチェンジフィーとは異なる）について，デビットカード0.2％，クレジットカード0.3％の

上限規制を制定した。これは加盟店手数料の引下げにつながり，そこから両者の加盟店手数料の差は縮小していった。ブレグジット後の取扱いについては現時点ではその詳細は確認できてはいないが，その引上げについての報道がある。

第6章

「金融化」時代における
イギリス住宅金融の変化

● はじめに

　コスタス・ラパヴィツァスは 2014 年に刊行した，"Profiting Without Producing"（邦訳『金融化資本主義』日本経済評論社，2018 年）において，1970 年代後半以降の資本主義を「金融化」と定義し，その特徴等について分析している。「金融化」という概念自体は，もともとアメリカのマルクス派（主として『マンスリー・レビュー』誌派）が提起したものであり，同じくアメリカのポスト・ケインジアンが数多くの論考を発表してきたものである。それはともかくとして，ラパヴィツァスによれば「金融化」とは以下の3点の特徴を持つものである。それは，① 非金融企業が生産・商業といった活動から金融的活動へと軸点を移してきたこと，② 銀行が非金融企業への貸出から，オープン市場における資金取引や対個人貸出へとその活動の重心を移してきたこと，③ 個人（家計）が資金運用面だけでなく住宅ローンの借入を中心とした資金調達面の活動を活発化させるようになってきたことに要約される。

　長らくイギリス金融を研究の領域としてきた筆者としては，ラパヴィツァスのこの整理は，かなりの程度まで納得できるものであった。資本主義は，歴史的に「重商主義段階」，「自由主義段階」，「帝国主義段階」という段階的発展過程をとってきた。そして第一次世界大戦以降の時期は，古典的な「帝国主義段階」とはまた異なった段階として，多くの経済学者（主としてマルクス経済学者）がこれを分析しようとしてきた。それらの名称としては，「国家独占資本主義」，「福祉国家」，「大衆消費社会」，「フォーディズム」，「コンシューマリズム」等があった。基本的に，この間に生じた事態と

は，自家用車保有，自家保有を基礎とする，耐久消費財消費という
アメリカン・ウェイ・オブ・ライフの先進資本主義諸国への普及過
程であると要約できるであろう。

　大まかにいって 1970 年代後半以降，この状態は新たな段階へと
変化していった。それが上記の「金融化」といわれる状態である
が，本章においてはその中で住宅金融がどのように変化したかをイ
ギリスについて検討するものである。「金融化」時代において，住
宅金融は，貸し手・借り手の構造ともに大きく変化した。「金融化」
時代の住宅金融の変化を追い，住宅金融に関連する金融機関の破綻
の経緯を追うことにより，イギリス金融の変化を分析することとし
たい。

 ## 「金融化」時代の住宅金融の変化

（1）変化以前の姿

　金融化以前のイギリス住宅金融の姿は非常にわかりやすい単純な
ものであった。まずは住宅信用の供給主体は，典型的な貯蓄金融機
関である住宅金融組合（組織形態としては相互組織）がほぼすべてで
あったといってよく，その住宅ローンは変動金利型の長期物であ
り，資金調達は貯蓄性預金としての普通出資金（これは住宅金融組
合が相互組織であることに由来する）であった。この住宅金融組合は，
決済機能は有さず，その貸出しは商業銀行（クリアリングバンク）
の預金（預金者は住宅金融組合）を小切手等の形態で借入人に渡す
ことにより行われ，その活動には信用創造機能はなかった。

　この住宅金融組合の歴史は古く，その第 1 号は 1775 年に設立し
たとされる。ただし当時の住宅金融組合は，住宅を建築・所有した

いと考える労働者等が 20 人程度集まり，拠出金を行い，抽選等により順番で住宅を保有し，メンバー全員が住宅を保有した時点において解散する（時限組合）というものであった。この住宅無尽とでもいうべき時限組合は，資金調達業務（出資金）と融資業務（住宅ローン）が分離する永続組合へと転化していったが，これが本格的に進展したのは 1840 年代以降のことであった[1]。

　この永続組合化により，住宅金融組合は貯蓄性預金（出資金）を受け入れ，住宅ローンを提供する本格的な貯蓄金融機関となっていったわけであるが，19 世紀におけるその活動および金融機関としての地位はそれほど大きなものではなかった。それは何よりもこの時期の持家比率はそれほど高いものでなかったことによる。大衆による住宅保有という時代ではなく，民間貸家が居住の基本だったのである。19 世における持家比率のデータは存在しないが，第一次世界大戦前の 1910 年頃の持家比率は約 10% であった。この持家比率は，「住宅保有」を基盤とする「国家独占資本主義」，「福祉国家」等と称される資本主義の新たな段階において上昇を続け，これにより住宅金融組合も大きく発展していったのであった。住宅金融組合数のピークは，1895 年の 3,692 組合であり，当時の総出資者（預金者）数は 63.1 万人であった。その後，組合数は合併を主因として減少を続けてきている（1940 年以降の組合数・業容については図表 6-1 参照）。

　アメリカで 1920 年代に普及していった現代的な生活様式は，1950 年代後半以降，西欧の先進国や日本に波及していった。イギリスにおいても，この時期以降持家比率は急上昇し，その資金需要にほぼ独占的に応えていったのが住宅金融組合であった。その組織形態は，商業銀行（株式会社）と異なり相互組織であり，住宅ロー

図表 6-1 住宅金融組合の組合数・業容の推移

(総資産等の単位：100 万ポンド)

年度	組合数	支店数	出資金	住宅ローン	総資産	年度	組合数	支店数	出資金	住宅ローン	総資産
1940	952	—	552	678	756	2002	65	2,103	132,373	138,884	184,453
1950	819	—	962	1,060	1,256	2003	63	2,081	142,457	156,396	207,735
1960	726	—	2,721	2,647	3,166	2004	63	2,074	153,844	180,172	236,146
1970	481	2,016	9,788	8,752	10,819	2005	63	2,148	171,935	203,260	265,226
1980	273	5,684	48,915	42,437	53,793	2006	60	2,105	188,943	228,096	294,419
1990	101	6,051	160,538	175,745	216,848	2007	59	2,016	206,783	257,810	330,272
1991	94	5,921	177,519	196,946	243,980	2008	55	1,916	230,879	265,554	358,956
1992	88	5,765	187,108	210,998	262,515	2009[4]	52	1,685	222,271	243,638	331,274
1993	84	5,654	194,975	224,168	281,152	2010[5]	49	1,672	210,760	238,698	309,451
1994	82	5,566	201,812	236,655	300,998	2011	47	1,652	215,016	238,607	308,143
1995[1]	80	5,141	200,826	233,358	299,921	2012	47	1,546	221,415	252,041	319,803
1996[1]	77	4,613	196,546	236,930	318,392	2013	45	1,548	222,795	258,362	317,322
1996[2]	72	2,571	82,202	96,164	124,869	2014	44	1,563	232,598	274,192	325,488
1997[2]	71	2,537	90,093	105,803	137,864	2015	44	1,551	238,359	285,151	338,197
1998	71	2,502	103,290	116,285	156,014	2016	44	1,519	259,095	300,578	379,187
1999	69	2,384	109,138	120,410	157,141	2017	44	1,469	269,061	315,954	397,397
2000	67	2,361	119,299	134,100	177,747	2018	43	1,394	280,859	333,476	415,440
2001[3]	65	2,126	119,815	128,322	171,375	2019	43	1,383	294,758	345,013	436,348

［注］1．1997 年末時点までに株式会社化した組合を含む
　　　2．1997 年末時点までに株式会社化した組合を除く
　　　3．ブラッドフォード・アンド・ビングレーを除く
　　　4．ブリタニアを除く
　　　5．ケント・リライアンスを除く
　　　（年度は 2 月 1 日 − 1 月 31 日）
［出所］*BSA Yearbook 2020/21* より筆者作成。

ンは長期の変動金利方式，資金調達は普通出資金という単純な姿は
変化しないままであった。結果として，住宅金融組合の業容は急拡
大したが，資金調達面では税制上の優遇措置が寄与していた。
　住宅金融組合は，急拡大の過程で合併等による集中化が進展して
いった。そして上位組合は大型化し，相互組織性は後退し，単純な
業務形態ではあったものの行動原理自体が株式会社と変わらないも

のになっていった。業界内においてはハリファックスとアビーナ
ショナルが最大手の住宅金融組合となっていったのであった。

(2)「金融化」の進展と住宅金融機関の変化

　住宅金融の住宅金融組合による独占といってよい状況は1970年
代まで継続した。この状況が変化したのは1980年代のことであっ
たが，その遠因は1971年の競争と信用調節方式（CCC）の採用以
降の金融自由化の進展であった。この1971年というのはニクソ
ン・ショックの年，すなわちブレトンウッズ体制の崩壊の年であっ
た。これ以降，世界は為替そして金利が変動する世界へと移行して
いったのであった。金利が動くようになったという記述に違和感を
持つ向きもあるかもしれないが，1970年以前とそれ以後の金利の
ボラティリティは大きく異なっている。一例を挙げるならば，イギ
リスにおいて世界初の郵便貯金が設立されたのは，1861年のこと
であった。そしてその時点での金利（普通口座）は，2.5％であった
が，この金利は100年以上にわたって変化せず，1971年になって
ようやく3％に引き上げられたのであった[2]。

　このような状況において，リテールバンキングにおける競争圧力
は増加することとなっていった。それは，商業銀行が対個人業務の
収益性を認識するようになり，その分野への進出意欲を高めるとい
うことから始まった。

　1970年代のイギリスの持家比率は上昇していった。これは戦前
からの傾向ではあったが，その際の資金需要に応えたのが住宅金融
組合であった。そしてこの時期の住宅金融組合の資金調達は，利子
課税における優遇措置もあり好調を維持し，個人貯蓄におけるシェ
アを上昇させることとなった。

　1970年代に溜まっていた変革へのマグマは，1980年代になると噴出することとなった。金融自由化は一層促進され，リテールバンキングをめぐる競争状況は一変し，金融商品および金融機関のあり方も激変することとなった[3]。

　1979年に政権の座についたサッチャー保守党政権は，種々の大胆な改革を行ったが，金融自由化の促進もそのひとつであった。ここで1970年代までのリテールバンキングの姿は，商業銀行は資金吸収面では預金種目としては当座預金および通知預金（引出に7日前の通知が必要），資金運用面では当座貸越とパーソナルローンという単純なものであった。ただし個人への業務拡大には比較的に慎重であり，新規の預金口座開設にはすでに口座を保有している顧客の紹介状が必要（これは1980年代においても継続していたが）であったし，小切手保証カード（一定額までの小切手については銀行が保証するカード）を渡す顧客は一定の取引履歴がなければならなかった。小売店では，小切手保証カードの提示のない小切手は受け取らなかったので，同カードがもらえない顧客は非常に限られたシチュエーションにおいてしか小切手を使えないのであった。そして大手の商業銀行は，ロンドン手形交換所加盟銀行（クリアリングバンク）としてペイメントシステムをほぼ独占していた。

　一方，住宅金融組合は典型的な貯蓄機関であり，広範なペイメント業務の提供は行わず，資金調達面では普通出資金（貯蓄預金），資金運用は長期の変動金利住宅ローンという単純な姿であった。アメリカにおける貯蓄金融機関である貯蓄貸付組合（S&L）は，イギリスの住宅金融組合とほぼ同様の業務内容（ただし住宅ローンは固定金利のものが多かった）であったが，1970年代半ばまでは3-6-3の金融機関と一部では呼ばれていた。それは3％で貯蓄性預金を

集め（レギュレーションQによる規制金利で，商業銀行よりも高利が認められていた），6％で固定金利で住宅ローンを貸す，そして支店長は3時になればゴルフに行けるというものであった。これは，ブレトンウッズ体制の崩壊以前の牧歌的な貯蓄金融機関の姿をいい表したものであるが，イギリスにおける住宅金融組合にも同じような側面があったのであろう。

この状態は，ブレトンウッズ体制の崩壊から10年が経過した1980年代において，すなわち金融化の進展が本格化した状態において大きく変化することとなった。1980年代においては，リテールバンキングにおける棲み分けが崩壊していったのである。

1970年代のイギリスの金融は，1971年の競争と金融調節（CCC）方式の導入による自由化の進展後のセカンダリー・バンキング・クライシスへの対応以降は，信用拡張を防止するための補足的特別預金制度（通称コルセット規制：1973年12月導入）に象徴されるように引締め的な運用がなされてきていた。このコルセット規制は，1970年代においては二度の中断があったものの，ほぼ継続的に適用され，商業銀行の貸出には抑制的に働いた。

このコルセット規制が撤廃されたのは1980年6月のことであり，これを境に商業銀行の貸出は大きく伸びた。そしてこの過程において商業銀行は住宅ローン業務に本格進出し，従来的な棲み分けは崩壊していった。商業銀行はさらにクレジットカード業務を積極的に展開し，さらに決済性と収益性を併せ持つ新種預金（預入最低限度あり）を提供したり，当座預金への付利を行うようになったりもした。1980年代には，商業銀行はそれ以前よりも個人重視の姿勢を強めることとしたのであった。

一方の住宅金融組合の側においては，コーポラティブ銀行やス

コットランド系銀行との提携によるペイメントサービスの部分的な提供，新種住宅ローン（養老保険付き住宅ローン等）の開発，新種預金商品の開発等により対抗した。

こうして個人関連業務は，住宅ローンについては新種商品の開発だけでなく，種々の金利優遇措置（初回購入者向け，当初金利の優遇制度等）も行われ，一方，資金調達面においても新種商品の開発競争が行われるなど，競争圧力は強まっていった。

この競争圧力の強まりは，貯蓄金融機関としての住宅金融組合のあり方を大きく変えることとなった。住宅金融組合は，1939年9月以来，その預金（出資金）金利，貸出金利について，住宅金融組合協会によるカルテル金利である「勧告金利」を遵守するという制度を維持していたわけであるが，この制度は1983年10月に廃止された。その後は強制力のないアドバイス金利が住宅金融組合協会により発表されていたが，これについても1984年11月には廃止された。このようなカルテル金利が廃止されたのは，商業銀行との間での競争が激化したことおよびその過程で従来型の資金調達手段・運用手段（典型的には普通出資金と変動金利型住宅ローン）の比率が低下したことがその理由であった。

競争圧力の強まりおよび業務内容の変化は，ついに1980年代における住宅金融組合の業法の改正へと結びつくこととなった。1986年住宅金融組合法が成立・施行されたわけであるが，以下でその内容を確認し，現時点で考えてどの改正内容が大きなものであったかについて検討することとしたい。

1986年住宅金融組合法の主な内容は以下のとおりであった。

① 従来の監督機関であった友愛組合監督官局に代えて新たな監督機関として住宅金融組合委員会 (the Building Societies Commission)

を創設する。同委員会のメンバーは，4～10人と規定され，住宅金融組合の健全性等に関する規制を行うこととされた。

② 総資産から固定資産および流動性資産を除いた資産（commercial assets）のうち少なくとも90％以上は第一抵当権付きの住宅ローン（Class 1 assets）でなければならない。したがって，その他の不動産抵当貸出（Class 2 assets）および無担保貸出（Class 3 assets）については，上限を10％としてこれを行うことは可能である。ただし無担保貸出（Class 3 assets）については5％を上限とする（この制限については，その後において段階的な緩和措置が採られた）。

③ 組合およびその子会社にたいして，送金，外国為替，保険，年金，不動産仲介，不動産譲渡取扱等の新規業務を認める。

④ 流動性資産の総資産にたいする比率については，貯蓄金融機関としての性格から3分の1を超えてはならないが，一方において一定割合（当初7.5％）の流動性資産は常に保有しなければならない。

⑤ 総資金調達額の20％（1988年以降は40％）を上限として大口（5万ポンド以上）の市場性資金調達を認める。

⑥ 組合が支払い不能となった際に，出資金および預金について1人あたり1万ポンド（1987年10月以降は2万ポンド）を上限として，その90％については保証する出資者保護制度を創設する。

⑦ 組合の合併については，借入人の投票において50％以上の賛成を得て，かつ出資者の投票において75％以上の賛成を得なければならない。合併する組合の一方の資産（commercial assets）規模が1億ポンド以下で，他方の組合との資産規模の較差が8倍以上ある場合においては，資産規模の小さい組合の出資者の少なくとも20％の賛成投票を得なければならない。

⑧　相互組織としての住宅金融組合は，借入人の投票において
　50％以上の賛成を得て，かつ出資者の投票において 75％以上の
　賛成を得た（ただし，この投票には出資者の 20％以上が参加してい
　なければならない）場合においては，株式会社に転換することが
　できる。

　以上の，1986 年住宅金融組合法の主な改正内容が，住宅金融組
合をどのように変化させたかについて，現時点でどのように評価で
きるかを以下で検討することとしたいが，その前に確認しておきた
いことは，典型的な貯蓄金融機関としての住宅金融組合の性格とは
どのようなものであったかということである。住宅金融組合の伝統
的な姿とは，個人の貯蓄性預金を吸収し，住宅ローンを貸し付ける
金融仲介機関ということである。すなわち決済関連業務とは無縁で
あり，貸出の際には自らの債務を創造してこれを行うことはできず
に，商業銀行にある自らの預金を小切手等の形態で顧客に渡すこと
により行うこととなる。負債は専ら貯蓄性預金であり，市場性資金
の調達は基本的には行わず，資産はそのほとんどが個人向けの住宅
ローンである。そしてその組織形態は相互組織なのである。
　1986 年住宅金融組合法は，この典型的な貯蓄金融機関としての
住宅金融組合を ④ の決済関連業務を可能とすることにより，信用
創造が可能な金融機関とし，その意味で機能的には商業銀行と同
様のものとした。前述のとおりロンドン手形交換所加盟銀行（ク
リアリングバンク）は，イギリスのペイメントシステムをほぼ独占
してきていたが，1970 年代以降においてはコーポラティブ銀行等
のごく少数の銀行には手形交換所への加盟を認めていた。この状
況は，1980 年代に入り米系銀行（シティバンク）等が，手形交換

所メンバーの開放を求めたことにより変化し，結局，1984年には組織改革方針が公表され，支払決済サービス協会（Association for Payment Clearing Services: APACS）が設立されることとなった。そしてその傘下には ① 紙ベースの手形（小切手）交換，② 大口の市中交換（CHAPS および Town Clearing），③ 送金・振込等の自動交換（BACS），④ 販売時点電子決済（EFT-POS）の有限責任会社を置き，それぞれの会社のメンバーには，申請があり一定の資格があればなりうることとした。この支払決済サービス協会（APACS）が実際に設立されたのは1986年5月のことであり，その時点で外国銀行の他，住宅金融組合の業界1・2位のハリファックスおよびアビーナショナルも参加した。これにより両住宅金融組合は広範なペイメントサービスの提供が可能となり，この時点において従前のロンドン手形交換所銀行という概念自体も消失したといえる。住宅金融組合，特に大手のその性格は大きく変化したのであった。

ただし，貸出面では住宅ローン中心という状態はその後においても変化はしなかった。これは，すぐ後に検討する住宅金融組合の銀行（株式会社）転換後においてもごく一部の例外はあったものの基本的に変化はしていないのである。さらに ⑤ の大口の市場性資金調達の解禁については，住宅金融組合の性格を変化させるとともに，その業容の拡大を可能としたわけではあるが，さらなる急拡大を志向する組合にとっては桎梏と感じられたのであろうと思われる。

結局，1986年住宅金融組合法の規定において，業界に最も大きな影響を与えたのは ⑧ 株式会社への転換規程であった。相互組織の住宅金融組合が株式会社に転換することは，イギリスの場合，銀行に転換することを意味する。アメリカの貯蓄貸付組合（S&L）や

貯蓄銀行の場合は株式会社形態のものも存在するわけであるが，住宅金融組合には株式会社形態は存在しないのである。

　同法の株式会社への転換規定を利用して銀行となったのは，業界2位（当時）のアビーナショナル住宅金融組合が初めてであり，同組合は1989年7月に銀行（株式会社）に転換し，ロンドン証券取引所に株式が上場された。その後，これに続く動きはしばらくはなかったものの1990年代後半（ピークは1997年）に住宅金融組合の銀行転換ブームが発生した。その理由は，大口の市場性資金についての制限を嫌った面はあるものの，最大の理由は，相互組織のメンバー（借入人・預金者）が株式会社転換の際に交付される株式を求めたことが大きかった。最大手のハリファックス等の大手の住宅金融組合のほとんどは銀行に転換し，大手で住宅金融組合として留まったのはネーションワイド住宅金融組合くらいとなったのであった。これにより多くの旧住宅金融組合の資産側にはそれほどの変化はなかったものの，ペイメントサービスの本格提供により，リテールバンキングのみをみるならば，住宅金融組合と商業銀行の業務内容は同質化していたこともその大きな理由であったであろう。

　前掲の図表6-1は，住宅金融組合の組合数・業容等について長期時系列的にみたものであるが，1996年から1997年にかけて大きな変化が起こったことが分かるであろう。1997年は最大手のハリファックス等が銀行に転換した年であり，ここにおいて住宅金融組合はシェアを大きく喪失したのであった。2019年度末（2020年1月末）における組合数は43であり，その総資産は4,363億ポンドである。そして業界1位のネーションワイド住宅金融組合の総資産は約2,500億ポンドでありそのシェアは50％以上となっている。このことはその他の住宅金融組合の規模が非常に小さいことを表してい

図表 6-2 所有形態別住宅ストック

(単位：100 万戸，%)

	個人持家		公営住宅		民間借家		住宅協会		総計	
1914	0.8	(10)	0.02	(—)	7.1	(90)			7.9	(100)
1938	3.8	(32)	1.1	(10)	6.6	(58)			11.4	(100)
1951	3.9	(31)	2.2	(18)	6.4	(51)			12.5	(100)
1960	6.4	(44)	3.6	(25)	4.6	(32)			14.6	(100)
1970	9.4	(49.9)	5.7	(30.4)	3.7	(19.6)			18.7	(100)
1980	11.7	(55.7)	6.5	(31.4)	2.4	(11.4)	0.4	(1.9)	20.9	(100)
1990	15.1	(65.8)	5.0	(21.9)	2.1	(9.2)	0.7	(3.1)	22.9	(100)
1995	15.9	(66.8)	4.5	(18.9)	2.4	(9.9)	1.0	(4.3)	23.8	(100)

［出所］1914-1960：イングランドおよびウェールズ：Boléat [1989] p.2.
　　　　1970-1995：グレートブリテン：Council of Mortgage Lenders [1997] p.4.

る。1990 年代末以降においては，イギリスの住宅金融は，いわゆるビッグフォーと呼ばれる大手商業銀行および旧住宅金融組合から転換した銀行により担われるようになったのであった。

　第一次大戦前の時期におけるイギリスの持家比率は，約 10％であり，ほとんどの人々は民間借家に居住していた。戦後から 1970 年代前半までの一般に国家独占資本主義，福祉国家，コンシューマリズム等と呼ばれる，古典的帝国主義段階以降の時期において，図表6-2 でわかるとおり，イギリスの持家比率は急上昇していった（公営住宅の比率も持家ほどではないが上昇した）。1970 年時点で持家比率は約 50％となっているのである。繰り返しになるがこの時期の住宅金融をほぼ独占していたのが住宅金融組合なのであった。

　そして 1970 年代後半以降の金融化と呼ばれる時期においてもイギリスの持家比率は上昇した。特に 1980 年代にサッチャー保守党政権が公営住宅の払下げ政策（および公営住宅の建設抑制）を行ったことにより上昇し，1990 年には約 65％にまでなったが，その後においては上昇率は鈍化している。このような状況下において，イギ

リスの住宅金融および住宅金融を担う金融機関は大きく変化した。

　本章の冒頭で指摘したように，金融化と呼ばれる現象の特徴のひとつとして，個人（家計）が資金運用面だけでなく住宅ローンの借入を中心とした資金調達面の活動を活発化させるようになってきたことが挙げられるが，この時期においてイギリスにおける住宅金融の規模は増大し，それを提供する金融機関の構造も大きく変化したのである。

　そして金融化のひとつの帰結がリーマンショック（グローバル金融危機：GFC）であった。それは，イギリスの金融をも大きく揺さぶり，多くの金融機関が破綻した。イギリスにおいて破綻した金融機関としてはロイヤル・バンク・オブ・スコットランド（RBS）が最大のものであったが，同行はビッグフォーの一角であったナショナル・ウェストミンスター銀行をスコットランド銀行との買収合戦により同じくスコットランドの銀行であったRBSが勝利したことにより2000年に誕生した銀行であった。このRBSは急激な拡大路線やABNアムロの買収等により躓き破綻したわけであるが，同行は住宅金融も行ってはいたが旧住宅金融組合ではなかった。しかし，21世紀に破綻したその他の金融機関は，そのほとんどが住宅金融組合から転換した銀行と関係するものであった。

　金融化の進展する過程で住宅金融に関係する金融機関は脆弱化したのであろうか。典型的な商業銀行業務（短期の真正手形割引）からの距離は遠いものの，それなりのロバスト性を有していたイギリスの住宅金融がフラジャイルなものとなったのであろうか。

　次節においては，イギリスにおいて140年振りの取り付け騒ぎが発生したといわれた2007年に破綻したノーザンロックおよび住宅金融組合最大手であったハリファックスがスコットランド銀行と合

併してできた HBOS の 2008 年の破綻の経緯について追うことにより，金融化の時代において住宅金融および住宅金融機関がイギリスにおいてどのように変容していったかについて検討することとしたい。

　両行について考察する前に 1986 年住宅金融組合法の規定による銀行転換のアビーナショナルのその後の状態をみるならば，1990 年代において同行は非住宅金融業務を拡大させた。斉藤［1999］の第 2 章は，これをハリファックス住宅金融組合と比較し，むしろ経営的にはハリファックスの方がその時点でおいても良好であったことを示していたが，ホールセール業務への注力は，結局のところアビーナショナルの経営を躓かせることになり，同行は GFC 以前の 2004 年にスペインのサンタンデールに買収されたのであった[4]。

　住宅金融機関の破綻

（1）ノーザンロックの破綻

　前述のとおり 1990 年代後半にほとんどの大手住宅金融組合は，相互組織から株式会社となり銀行となった。この時期に銀行転換した組合を挙げるならば，最大手のハリファックスの他，ウールウィッチ，アライアンス・アンド・レスター，ナショナル・アンド・プロビンシャル（アビーナショナルに吸収合併），ブリストル・アンド・ウェスト（アイルランド銀行に吸収合併），そしてノーザンロックであった。

　こうした転換の動きの理由として，競争の激化により相互組織形態であることが制約条件となるであるとか，保険業務，年金業務，ユニット・トラスト等の新規業務の顧客はメンバーでないことから

相互組織の妥当性に疑問が生じたとの説明がなされることもあった。ただしこうした説明は必ずしも納得的なものとはいい難い。やはり大型化した住宅金融組合にとって相互組織性というのは虚構化していて，相互組織のメンバーである借入人および出資者が株式会社転換に際して株式を受け取れることが広範に知れ渡り，彼らが強く転換を望んだということが大きかったように思われる。その他の経営上の理由としては，大口の市場性資金の調達に関する制限も含まれるが，これに加えて転換した組合については転換後5年間は乗っ取りの対象としてはいけないという規定が住宅金融組合法にあることが大きかったとの指摘もある。実は，1994年に大手の住宅金融組合であったチェルトナム・アンド・グロースターが，ビッグフォーのひとつであるロイズ銀行に吸収合併されたことが業界に大きな影響を及ぼしたと考えられるのである。この合併の業界全体に与えた衝撃は大きかったのではないかと推察されるのである。

　銀行転換後の旧住宅金融組合は，アビーナショナルと異なり資産側の住宅ローンの比率を小さくするようなことはなかった。ただし住宅ローンの拡大傾向はあり，その内容も通常の住宅ローンだけではなく，借換用の住宅ローンや借家用の住宅ローンも増加させていった。この資産面の膨張を支える負債面では個人の小口預金にあまり頼らず，大口の市場性資金に頼る部分が大きくなっていった。さらには資産である住宅ローンの証券化（MBS）による資金調達に積極的な旧住宅金融組合も出てくることとなったのであるが，その典型がノーザンロックなのであった。

　ノーザンロックは，イングランド北部のニューカッスルに本拠を置く銀行であった。1965年に19世紀の半ば以来の伝統を持つノーザン・カウンティーズ・パーマネント住宅金融組合（1850年設立）

図表 6-3 住宅ローン提供大手 10 社 (2006 年)

(単位：10 億ポンド)

年末残高順位					年間融資額順位				
2006	(2005)	銀行等	残高	シェア	2006	(2005)	銀行等	融資額	シェア
1	(1)	HBOS	220.0	20.4%	1	(1)	HBOS	73.2	21.2%
2	(3)	Abbey	101.7	9.4%	2	(2)	Abbey	32.6	9.4%
3	(2)	Lloyds TSB	95.3	8.8%	3	(4)	Northern Rock	29.0	8.4%
4	(4)	Nationwide BS	89.6	8.3%	4	(3)	Lloyds TSB	27.6	8.0%
5	(5)	Northern Rock	77.3	7.2%	5	(5)	Nationwide BS	21.1	6.1%
6	(6)	The Royal Bank of Scotland	67.4	6.2%	6	(6)	The Royal Bank of Scotland	20.0	5.8%
7	(7)	Barclays	61.6	5.7%	7	(8)	Barclays	18.4	5.3%
8	(8)	HSBC Bank	39.1	3.6%	8	(9)	Alliance & Leicester	12.6	3.7%
9	(9)	Alliance & Leicester	38.0	3.5%	9	(7)	HSBC Bank	12.4	3.6%
10	(10)	Bradford & Binglay	31.1	2.9%	10	(11)	GMAC-RFC	12.1	3.5%

［出所］Council of Mortgage Lemders [2007] p.6.

とロック住宅金融組合（1865 年設立）が合併したノーザンロック住
宅金融組合が，1997 年秋の転換ブームの時期に銀行転換したもの
である。ノーザンロックは，住宅金融組合時代にも中小住宅金融組
合を吸収合併することにより規模拡大を図っていたが，銀行転換後
はその規模拡大はより急速度のものとなった。ただしその資産面は
住宅金融組合時代と大きく異なることはなく，引き続き住宅ローン
中心であった。そこで 2006 年時点での住宅ローンの融資残高順位
を図表 6-3 でみるならば，年末残高ベースで第 5 位（シェア 7.2%）
であり，年間の融資額では第 3 位（シェア 8.4%）である。銀行転換
時の 1997 年の融資残高シェア 2.1% であり，転換後の伸びがいかに

図表 6-4　ノーザンロックのリテール預金の内訳

（単位：100 万ポンド）

	2006		2007	
支店	5,573	24.6%	5,115	25.4%
郵便	10,201	45.1%	8,714	43.3%
インターネット	2,225	9.8%	2,048	10.2%
オフショア	3,614	16.0%	2,965	14.7%
電話	527	2.3%	699	23.5%
Legal & General	491	2.2%	563	2.8%
計	22,631	100.0%	20,104	100.0%

[出所] Northern Rock [2007] p.41.

急速であったかがわかるであろう。ノーザンロックはあくまでも住宅ローンによりその業容を拡大させたのであった。

　一方，このノーザンロックの資金調達を 2006 年末時点でみるならば，旧住宅金融組合とは思えないものに変化していた。リテール預金は全体の 22％にすぎず，最大のものは MBS（証券化）による資金調達（40％）であった。その他では大口市場性資金が 24％であり，リテール預金よりも多くなっている。ノーザンロックのこの資金調達構造は，その支店数が業容に対比して少ない（2006 年時点で約 70）ことも，その理由となっている。割合の少ないリテール預金の内訳を図表 6-4 でみるならば，支店経由のものは 25％前後（全資金調達に占める割合は 10％以下）であり，郵便やインターネット経由のものが 50％超となっているのである。ここにノーザンロックの資金調達面の脆弱性が表れており，実際に流動性危機に見舞われることとなった原因であったのである。

　それでは具体的な危機の進展とそれへの監督当局の対応についてみることにする。アメリカ発のサブプライムローン問題は，2007 年夏の時点で同ローンから組成された住宅ローン担保証券（MBS）

や債務担保証券（CDO）等の格下げを発端として信用収縮の悪循環が発生したことがその端緒であった。それが2008年のベアスターンズ危機さらにはリーマン・ショックへとつながるわけであるが，2007年時点ではむしろ問題はヨーロッパ市場で発生した。それはアメリカのMBS等をヨーロッパ諸国の投資家が多く保有していたからであった。まず8月9日にフランスのパリバが傘下のファンド（MBS等で運用）を一時凍結（解約停止）と発表したことをきっかけとして短期金融市場金利が急上昇し，これに対応するために欧州中央銀行（ECB）は大量の流動性の供給を行った。それでも短期金融市場の混乱はおさまらず，投資家のMBS等の仕組み債への投資姿勢は一挙に慎重化した。この流れはイギリスへも波及し，アメリカに続く規模のMBS市場を有していた同国の市場において，MBS発行の困難化が生じることとなった。そしてイギリスの金融機関において最もMBSに依存していたノーザンロックが流動性危機に陥ったのであった。

　9月14日にイングランド銀行（BOE）が政府の承認のもとにノーザンロックへの金融支援を行うことを発表すると，ノーザンロックへの取り付け騒ぎ（少ない支店の前には預金者が列をなし，インターネット回線はパンクした）が発生した。これはイギリスにおける140年振りの取り付け騒ぎの発生であるといわれた。この情報は国内外に発信され，これへの危機感を強めたイギリス政府は9月17日にはノーザンロックのリテール預金を全額保護する方針を明らかにし，これにより取り付け騒ぎは沈静化した。

　BOEがノーザンロックへの金融支援を決定したのは，大規模金融機関を破綻させるわけにはいかないというのが大きな理由であろうが，その際にノーザンロックの支払能力（ソルベンシー）には問

題がないことを強調していた。たしかにノーザンロックはその資産の77％を住宅ローンで運用しており（2006年末時点），そのなかでサブプライムローンが際立って多いわけでもなく，貸家向けの貸出が極端に多いわけでもなかった。またアメリカで組成されたMBS等の保有もほとんどなかった。基本的な問題点は，資金調達構造であり，安定的なリテール預金の割合が低かったことが危機の原因であった。一般的に規模を急拡大させる金融機関は危機に陥る可能性が高いといわれるが，それは資産の質が悪化するケースが多いからである。すなわちソルベンシー問題が発生するからであるが，ノーザンロックが直面したのはリクイディティ（流動性）問題であった。

　それはともかくとして，その後のノーザンロックは2008年2月に国有化された。2011年6月には，政府によりその売却方針が明らかとされ，同年11月にヴァージン・マネー（ヴァージン・グループ傘下）への売却が決定した。

　なお，ノーザンロック危機に対応したBOEによる資金供給は，その金融調節方式を変更させることとなった。BOEは2006年5月にその金融調節方式を変更し，それ以前のゼロリザーブシステムから，自己申告方式の中央銀行当座預金（準備預金）積立制度へと移行した。この制度において，金融機関の積み期間中（約1か月）のマクロ的な準備需要にはBOEは100％供給する。また，個別の金融機関は，申告ベースの準備預金平残を上下1％の範囲内で達成することを求められるが，達成した際には政策金利（バンクレート）による付利が行われる。一方で，これを達成できない場合にはペナルティとして準備預金には付利がされない。このシステムは，過少準備が許されないだけでなく，超過準備供給も不可能な体制であった。ノーザンロックへのBOEの資金供給は，他金融機関に超過準

備が存在する中で行われざるをえず（通常時は，インターバンク市場で調整されるが，超過準備を抱える金融機関は危機状態のノーザンロックへの資金供給を行わない），この超過準備を所要準備化するための工夫が求められることとなった。

　2007年において採られたのは，付利範囲（通常上下1％）を拡大することであり，最大時には上下60％まで拡大された。イギリスの金融市場は，2008年のリーマン・ショックの時期に大混乱し，そのこともあり2006年5月以降の金融調節システムは，付利範囲の拡大だけでは維持できなくなり，2009年3月にすべての準備預金に政策金利による付利が行われる量的緩和（QE）が採用され，それが今日まで継続している。住宅金融組合から銀行転換したノーザンロックの危機は，金融化の行きついた先の象徴であり，超低金利と中央銀行のバランスシートの拡大という事態とそこからの出口が困難化するという事態のきっかけとなったといえるのである[5]。

　ノーザンロック危機に続いて以下ではHBOSの破綻について検討することとするが，その前に住宅金融組合の銀行転換ブームから約10年後でノーザンロック危機直前の時点（2007年夏）におけるJ.D.パワー・アソシエーションズが行った金融機関の顧客満足度に関する調査について紹介することとしたい[6]。この調査においては，大手住宅金融組合で唯一銀行転換しなかったネーションワイド住宅金融組合が他を引き離してトップであることが注目される。その他の銀行，特に住宅金融組合からの転換組の多くが，破綻したり，経営悪化から買収されたことは，現段階からみるならば興味深いものがある。

(2) HBOS の破綻

　前述の調査において顧客満足度5位（3位グループ）であったの
はハリファックスであった。この住宅金融組合であったハリファッ
クスは，1853年に設立され，合併等を繰り返し業界1位として君
臨してきた金融機関であった。そして前述のとおり1997年に銀行
に転換した。そして2001年にはスコットランド銀行（1695年設立）
と合併してHBOSとなったのであった。HBOSは2008年に経営が
悪化し，実質国有化された。その後翌年1月に，同じく実質国有化
されたロイズ銀行に吸収されロイズ・バンキング・グループ（BG）
となったためにHBOSの破綻は日本においては大きく取り上げら
れなかった。なお，同時期に破綻したロイヤル・バンク・オブ・ス
コットランド（RBS）は，スコットランドの銀行であったRBSが，
ビッグフォーの一角であったナショナル・ウェストミンスター銀行
（ナットウエスト）を2000年に吸収合併し，以降急拡大した金融機
関である。この吸収合併には当初スコットランド銀行が名乗りを上
げていたが，買収合戦の末にRBSが勝利したのであった。なお，
RBSは2020年には商号をナットウエストに変更した。

　ナットウエストの買収合戦に敗北したスコットランド銀行が選択
した次の合併相手がハリファックスだったわけであるが，結局のと
ころ経営破綻に至ったわけである。RBSの破綻については多くの
文献があり，邦訳がなされているものとしては翻訳には問題が多い
がイアイン・マーチン［2015］『世界最大の銀行を破綻させた男た
ち』（WAVE出版）もある。これにたいしてHBOSの破綻に関して
は，管見のかぎりにおいては詳しいものは存在しないように思われ
る[7]。これについてはイギリスにおいてはイングランド銀行健全性
監督機構（PRA）と金融行為規制機構（FCA）が2015年11月に

The failure of HBOS plc（*HBOS*）（PRA/FCA [2015]）という報告書
を発表している。この報告書は，400頁以上の膨大なものであるが，
以下ではそれを参考としながら HBOS の破綻について検討するこ
ととしたい。

　イギリスは19世紀に銀行合同運動があり，1910年代には5大銀
行体制が確立した。5大銀行のうちのウェストミンスター銀行とナ
ショナル・プロビンシャル銀行が合併してナショナル・ウェストミ
ンスター銀行となったのが1968年のことであり，これ以来ビッグ
フォー（それ以外は，ミッドランド銀行・バークレイズ銀行・ロイズ銀
行）体制となっていた。この体制が変化したのは1990年代以降で
あり，まずは1992年にミッドランド銀行が業績低迷から香港上海
銀行（HSBC）グループの一員となり，1999年にはイギリス国内銀
行部門の商号も HSBC 銀行となった。1990年代において業績が好
調であったロイズ銀行は，1995年には貯蓄金融機関が前身でそれ
らが統合した TSB[8]と合併し，ロイズ TSB グループとなった。
バークレイズ銀行は，2000年にウールウィッチ銀行（旧住宅金融組
合）を合併し，ナショナル・ウェストミンスター銀行は前述のとお
り RBS グループとなったわけであるが，ビッグフォー体制自体は
継続していた。ハリファックスとスコットランド銀行の合併
（HBOS）は，ビッグフォーへの挑戦という意味があり，経営陣もそ
れを強く意識していた。

　以下では，PRA/FCA [2015] に依りながら，HBOS の破綻の原因
に迫っていくこととしたいが，同行は2008年10月1日にイングラ
ンド銀行による緊急流動性支援を受け，その後10月13日には政府
の資本注入（実質国有化）の発表があったわけである。この原因に
ついては，直接的には流動性危機ではあるが支払能力の面において

も問題があったとの指摘がなされている。

　HBOS の破綻の原因として挙げられているのが ① 経営陣（役員会）の危機管理能力の欠如（リスク・リターンのバランス認識欠如，銀行業の知識を有するメンバーがほとんどいなかったこと）である。その他では，② マーケットシェア・資産の成長率への過度のこだわりと短期の収益性のみに着目したこと，（② と似ているが）③ バランスシートの急拡大，商業用不動産（CRE）への過剰な融資，結果としての貸出資産の質の悪化，起業家にたいするエクスポージャー増，レバレッジの増加および資金調達面におけるホールセール資金への依存（以上についての危機認識の欠如），④ 経営陣（役員会）および全体的な統制機構の失敗，⑤ バランスシートの脆弱性が挙げられている。

　また，先進国への資金流入の長期化に起因する利回り低下から，リスクと資産価格のバブルへの意識が低下したことや，銀行等がマーケットリスクを取ることにたいして，投資家アナリスト，格付機関やその他の第三者機関がチェックすることができなくなったという環境にも問題があったとしている。このような環境においては，相対的に悪い立場にある銀行は，破綻へと向かいやすい状態になるという全体的状況があった。HBOS はそのような相対的に悪い立場にある銀行のひとつであったというのが同報告書の見解である。

　さらに同報告書は，監督機関としての金融サービス機構（FSA）の責任についても指摘している。FSA の判断の誤りは，① リスクの全般的な評価を認識せず，手遅れになる前に介入しなかったこと，② HBOS のようなシステム上重要な大金融機関の監督にその十分なリソースを投入しなかったことである。後者の原因として

図表 6-5　預貸率の推移

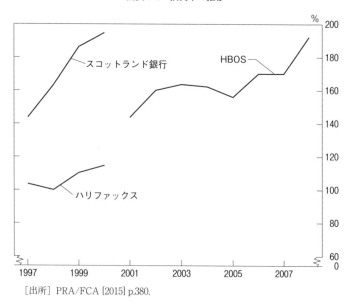

[出所] PRA/FCA [2015] p.380.

は，戦略的ビジネスモデルに関するリスクの考慮が不十分で，リスク評価プロセスが不適切であったことや経済の状況が好調な時に，資産の質・流動性に関する主要な健全性リスクへの焦点の当て方が不十分であったことが挙げられている。そして FSA が，HBOS の上級管理職の能力に過度の信頼を置いていたことについても批判している。

　それでは 2001 年に合併により誕生した HBOS は如何にして破綻へと向かっていったのであろうか。これを同報告書は，リテール部門，企業金融部門，国際部門等に分けて分析しているが，その前に，合併前の両行の財務上の特徴についてみてみることとしたい。図表 6-5 は，預貸率をみたものであるが合併前のスコットランド銀

図表 6-6　資産構成

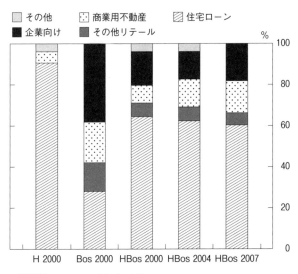

[出所] PRA/FCA [2015] p.380.

行の預貸率が非常に高かった（ホールセール資金への依存度が高かった）ことがわかるであろう。そして図表6-6で合併前の資産構造をみるならば，ハリファックスは住宅ローンが資産の太宗を占めている一方で，スコットランド銀行については商業用不動産およびその他の企業向け貸出の比率が高かったことがわかる。そして合併後においては，住宅ローンの比率が徐々に低下していったのである。さらに図表6-7で収益性についてみるならば，名目数値においてはハリファックスよりもスコットランド銀行の方が金利マージン（ネット）においても手数料率においても高かったことがわかるであろう。

　それでは HBOS の部門別損益をみることとしたいが，同報告書

図表 6-7　ネット金利マージン等の推移

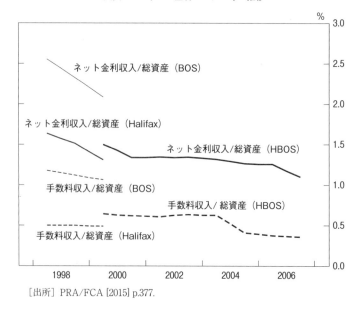

［出所］PRA/FCA [2015] p.377.

は基本的な分析期間を 2005 年 1 月から 2008 年 10 月（RP：Review
Period）としている。まず 5 部門を挙げるならば，① リテール部門，
② 企業金融部門，③ 国際部門，④ 資金部門，⑤ 保険・投資部門で
ある。

　RP の初期（2005 年）において，① リテール部門は最大部門で，
その 92％が住宅ローンであり，マーケットシェア（住宅ローン）は
20％であった。同様に ② 企業金融部門は，スコットランドでの
シェアは 37％であったが，イングランド・ウェールズのシェアは
3％にすぎなかった。そしてその中で大きかったのは商業用不動産
関連であり，イギリス全体においてこの部門への貸出が多かったの
は，同行とロイヤル・バンク・オブ・スコットランド（RBS）で

図表 6-8　部門別資産（成長率）の推移（HBOS）

（単位：10 億ポンド，%）

	2004	2005	2006	2007	2008	年成長率
リテール	209	225	243	260	266	6
企業金融	82	87	97	122	128	12
国際	37	50	61	76	68	16
銀行部門	328	362	401	458	462	9
資金	85	107	107	120	147	15
銀行部門総計	413	469	508	578	609	10
保険・投資	64	72	83	89	81	6
総計	477	541	591	667	690	10

［出所］PRA/FCA [2015] p.24.

あった。③ 国際部門は，オーストラリアとアイルランドが中心であったが，その内部シェアは小さいものであった。④ 資金部門は，資金運用と流動性管理に関する部門であるが，この時期の重要性は小さく，⑤ 保険・投資部門は，破綻とはほぼ無関係であるため，報告書における分析対象には含めないとしている。

　まず図表 6-8 で各部門の規模および成長率をみるならば，① リテール部門が最大ではあるが，その伸びは ② 企業金融部門や ③ 国際部門に比べて低いことが分かる。これは後者の部門においてリスク管理が不十分なままに急拡大路線を取った疑いを生じさせる。その結果は図表 6-9 のとおりであり，2008 年以降 2011 年までの各部門の損失額が示されているが，2008 年末時点での貸出金等対比での損失額は，① リテール部門では 3% であるのにたいし，② 企業金融部門では 18%，③ 国際部門では 25% と極めて高いものとなっているのである。

　HBOS は 2008 年に営業損失を計上したわけであるが，2004 年か

図表 6-9 部門別損失の推移（HBOS）

（単位：10億ポンド，%）

	貸出残高(a) （2008年末）	貸出損失				損失計(b) （2008-11）	(b)/(a)
		2008	2009	2010	2011		
リテール	258	2.2	2.0	1.4	1.0	6.6	3
企業金融	123	6.7	6.7	3.2	0.9	21.9	18
国際	62	1.0	1.0	5.8	3.4	15.5	25
資金	79	2.9	2.8	0.5	0.7	6.9	9
保険・投資		0.7	'(0.1)	0.0	1.1	1.7	
総計	522	13.5	21.1	10.9	7.1	52.6	10

［出所］PRA/FCA [2015] p.26.

図表 6-10 HBOS の収益状況（2004-08）

（単位：10億ポンド）

		2004	2005	2006	2007	2008
ネット収入	金利収入	5.9	6.8	7.4	7.3	8.2
	手数料収入	1.5	1.0	1.2	1.3	1.1
	トレーディング収入	0.2	0.2	0.3	0.2	(2.9)
	保険収入	2.0	2.7	2.8	2.6	1.7
	その他収入	1.2	1.3	1.7	2.6	0.1
ネット収入計		10.8	12.0	13.3	14.0	8.2
営業経費		(4.2)	(4.6)	(4.6)	(5.0)	(5.1)
減価償却・のれん等		(0.8)	(0.9)	(1.2)	(1.4)	(1.8)
貸出金償却等		(1.2)	(1.7)	(1.8)	(2.1)	(12.1)
税引前利益		4.6	4.8	5.7	5.5	(10.8)
部門別収益						
リテール		2.0	1.9	2.3	1.9	1.3
企業金融		1.3	1.4	1.6	2.7	(6.8)
国際		0.4	0.6	1.0	0.7	(0.8)
資金		0.3	0.3	0.4	0.3	(3.6)
保険・投資		0.8	0.8	0.7	0.6	(0.3)
調整項目		(0.2)	(0.2)	(0.3)	(0.3)	(0.6)
税引前利益		4.6	4.8	5.7	5.5	(10.8)

［出所］PRA/FCA [2015] p.60

図表 6-11　部門別ネット金利収入（HBOS）

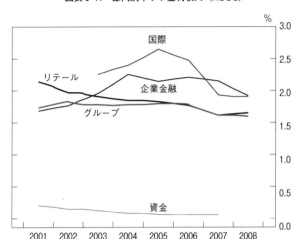

［出所］PRA/FCA [2015] p.65.

ら 2008 年までの HBOS グループ全体の収益状況を図表 6-10 でみるならば 2007 年までは収益は安定している。これを部門別でみるならば ① リテール部門は停滞気味であり，一方で ② 企業金融部門の収益の伸びは順調で 2007 年には両部門の収益の絶対額は逆転している。これは，① リテール部門における金利マージンの低下を ② 企業金融部門および ③ 国際部門により補うという戦略を経営陣が採用したためであると同報告書は分析している（図表 6-11 参照）。リスク管理が不十分なまま業容を拡大した結果，2008 年には ② 企業金融部門は多額の損失（償却負担）を発生させ，HBOS 全体も赤字決算となったのであった。

　② 企業部門は，商業用不動産融資，建設関連融資等を中心に業容を拡大させたわけであるが，2000 年代後半においては商業用不

図表 6-12　部門別不良債権比率（HBOS）

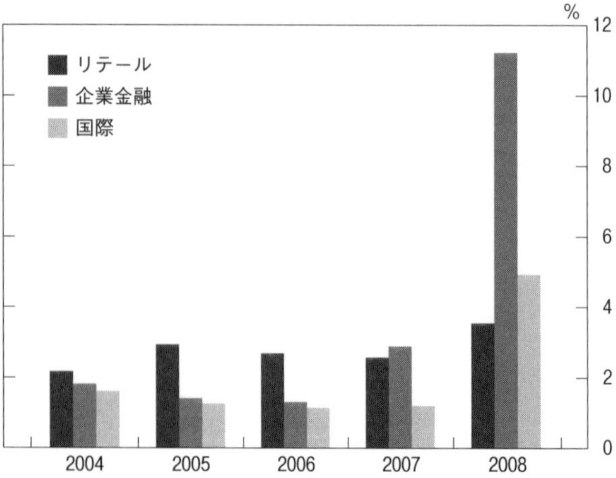

［出所］PRA／FCA ［2015］ p.61.

動産の価格は大きく下落し（居住用不動産の価格低下はそれほどでも
なかった），同部門の損失は拡大したのであった。図表 6-12 は，部
門別の不良債権比率をみたものであるが，2007 年以降 ② 企業金融
部門の不良債権が急増していることが分かる。そして図表 6-13 は，
貸倒引当金の積立状況であるが，これについては不十分であったこ
とが明白である。これは，リスク認識・予想が甘かったことがその
理由であろうが，そもそもその余力がなかったとも解釈できるであ
ろう。

　図表 6-14 は，危機時以降のイギリスの大手行の償却率をみたも
のであるが HBOS の償却率が 2007 年後半以降に急増しているこ
と，その水準が RBS 等の他行よりも高いことが分かる。そしてこ
れを反映して HBOS の株価は他行対比でも大きく下落し（図表 6-
15），CDS スプレッドも同様に拡大したのであった（図表 6-16）。

図表 6-13　不良債権・貸倒引当金（HBOS）

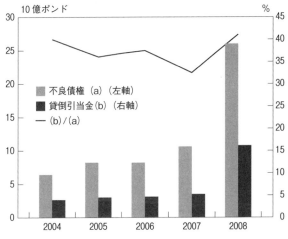

［出所］PRA/FCA［2015］p.61.

図表 6-14　英銀各行の償却率

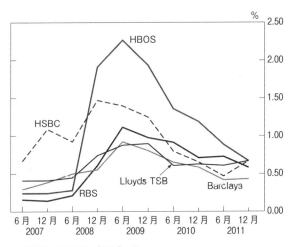

［出所］PRA/FCA［2015］p.71.

図表 6-15 英銀の株価

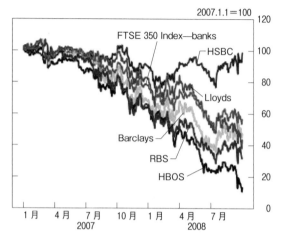

［出所］PRA/FCA [2015] p.153.

図表 6-16 英銀の CDS スプレッド（3年）

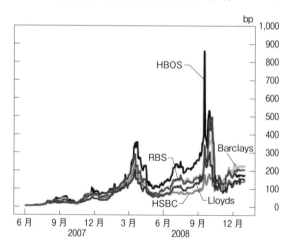

［出所］PRA/FCA [2015] p.155.

　このような状況下においてHBOSの資金調達は困難化していった。前掲の図表6-5で分かるとおり，合併以前からスコットランド銀行の預貸率（顧客預金ベース）は非常に高いものであった。ハリファックスも貯蓄金融機関であったという出自を考えるならば高かったとはいえる（市場性資金の調達制限が銀行転換のひとつの理由であった）が，それでもスコットランド銀行よりはかなり低い水準であった。それが合併後はスコットランド銀行の水準に引き寄せられるように上昇していった。これは業容の急拡大をリテール預金ではなく，各種の大口市場性資金に頼るようになったことを意味する。そのような資金調達構造となってしまったHBOSのマーケットの評価の下落は，流動性危機に直結した。2008年9月にロイズTSBとの合併報道も出たが，前述のように10月1日にBOEに緊急流動性支援を受け，同月中に政府支援を受けることとなったのであった。その後の経緯は前述のとおりであるが，住宅金融組合最大手をルーツのひとつとするHBOSの破綻はイギリスにおける金融化の行きついた先の象徴であるように思われるのである。そして21世紀に入り，住宅金融組合にルーツを持つ金融機関の多くが破綻したり，経営悪化から吸収合併されたこと，貯蓄金融機関としての住宅金融組合（相互組織）はそのプレゼンスを大きく後退させてしまったこと（1970年には500程度の組合があったが，2020年時点では40組合で，大手はネーションワイド住宅金融組合のみ）もまた金融化の行きついた先なのであった。

● おわりに：変化はなにをもたらしたか

（ロバストな住宅金融の喪失）

　以上ではまず，古典的帝国主義段階以降の国家独占資本主義（福祉国家）等と呼ばれる第一次世界大戦から 1970 年代中頃までの時期において，イギリスの住宅金融が持ち家比率の上昇とともに順調に成長し，それを支えたのが貯蓄金融機関としての住宅金融組合であったことを確認した。そして，その構図がそれ以降の金融化と呼ばれる時期においては大きく変容し，旧住宅金融組合が金融危機の中心となったことについて考察してきた。

　国家独占資本主義（福祉国家）期における持家比率の上昇は，例外はあるものの多くの先進資本主義国に共通に観察された事態であった。しかしそれを支える住宅金融の姿は，各国において異なっていた。アメリカは，貯蓄金融機関としての貯蓄貸付組合（S＆L）や相互貯蓄銀行が住宅ローンを提供していたが，商業銀行もまた同業務を古くから行っていた。そして住宅ローンを公的に支えるものとしてファニーメイ等の公的保証機構が存在した。日本の場合は，銀行が制度的な住宅ローンを開始したのは 1960 年前後と遅く，高度成長期にはそれへの取り組みは積極的なものとはいえなかった。住宅ローン提供の中心となったのは政府系金融機関としての住宅金融公庫であった。

　イギリスの場合は，これらのような公的介入は無く，金融機関における棲み分けにより住宅金融は住宅金融組合により担われていた。資金調達面における税制上の優遇措置くらいが公的介入と呼べるものであったが，住宅ローンのほとんどが変動金利であり，金利

リスクが借り手負担となっていたことも住宅金融組合の経営の安定にもある程度寄与していた。その意味で，国家独占資本主義（福祉国家）期の住宅金融は，公的介入なしでは存立できなかったという評価は適切ではないであろう。

住宅金融とは，公的介入がなければ維持できないフラジャイルな金融であると考えられるかもしれない。それは長期の金融であることから，金融とは短期の優良手形の割引が基本であること（真正手形主義）を考えるならば，不安定なものとの考え方である。また，返済の根拠が，企業金融の場合のように企業の利益ではなく，個人の将来所得であること（これは消費者信用も同様である）も不安定なものと考えられてきた。

しかし，一方で個人（家計）にとって通常は生涯で最も大きな買い物，最も大事な資産であり，それを失うことへの抵抗感は強いものがある。したがって，その返済への意欲は通常は極めて高いものがあり，また金融機関の側においてもそうした層にたいして審査のうえで貸出を行ってきたわけである。これは先進資本主義諸国において，国家独占資本主義（福祉国家）期には，安定的な新中間層としてのホワイトカラー労働者のマスとしての存在があったということであろう。これらのことが住宅金融をロバスト化していたし，それを規制に守られた安定的な金融システムが支えていたといってよいであろう。

このロバストな住宅金融という構図が，金融化によって変化した。これは，基本的にはブレトンウッズ体制の崩壊で金利と為替が動く世界になったことが大きい。結果として進展したのは，規制緩和すなわち金融自由化であった。これにより従来的な金融規制の体系が変化し，従来的な金融秩序が崩壊していった。そして住宅金融

の構造は大きく変化していった。新たなプレーヤーが登場したり，サウンド・バンキングを旨とする商業銀行・貯蓄金融機関が変質し，米英等では貯蓄金融機関が衰退していった。小口のリテール預金に依存するという，従来的な金融機関の資金調達構造も変化していった。結果として，金融化の進展は，ロバストな住宅金融の崩壊へと結びつき，金融危機へと向かっていったのであった。

　アメリカにおいては，従来的には住宅ローンの借入れができなかった層への住宅ローン（サブプライムローン）の返済不能が2000年代後半において急増したが，イギリスにおいては必ずしも住宅ローンの延滞率・貸倒れ率が高まったということはなかった。従来において，住宅ローンの独占的な供給者であった住宅金融組合が変化せざるをえない状況となり，結果的にそこにルーツを持つ金融機関が多く破綻したということである。

　ここで改めてロバストな住宅金融とは何であったかについて考察することとしたい。借入者の要因としてのロバスト性とは，前に述べたとおりであるが，金融機関（貯蓄金融機関）側からみるならば，相互組織性に基づく顔のみえる審査と小口の貯蓄性預金による資金調達ということになろう。イギリスの住宅金融においては，この条件が崩れてしまったのである。イギリスにおいては，グローバル金融危機への反省から，2010年に独立銀行委員会（ヴィッカーズ委員会）が設立され，2011年の報告書によりリテール・リングフェンス規制が提案された。その内容は，リテール銀行業を投資銀行業・国際銀行業を分離すべきというものであり，一定程度のリテール預金を有する銀行は組織改編を行い，リングフェンス銀行を同一グループ内の投資銀行部門・国際銀行部門と分離し，それらからの悪影響を遮断すべしとのものであった。同報告書の勧告内容は，基本

的に政府により受け入れられ，この内容を盛り込んだ2013年金融サービス（銀行改革）法が成立した。同法は，イギリスの大手金融機関に，2019年末までの組織改編を要求し，大手5行はこれに応じた組織改編を行った[9]。

　こうしてイギリスの住宅金融は，2020年以降，これらのリングフェンス銀行により主として担われる体制となったわけであるが，これらの銀行は信用創造可能な金融機関であり，いわゆるナローバンクとは異なる。それは，ペイメントサービスの提供が認められた1986年住宅金融組合法による住宅金融組合とその性格が似たものであるように思われる。リテール・リングフェンス規制は，一定以上のリテール預金を有する銀行が対象であるが，ネーションワイド住宅金融組合はリテール預金残高としては，リングフェンス銀行とほぼ同規模である。しかし，住宅金融組合は，そもそもリテール・リングフェンス規制の対象ではない。金融化の行きついた先としての危機の結果としての新規制がこのようなものとなったことは，非常に興味深いことといえるであろう。

　注
　1）住宅金融組合の歴史について詳しくは斉藤［1999］の第1章を参照されたい。なお，住宅金融組合の最初の業態法（住宅金融組合法）は，1836年に制定されている。
　2）イギリスの郵便貯金の成立・発展等について詳しくは斉藤［1999］の第3章を参照されたい。
　3）1980年代のイギリスのリテールバンキングの動向について詳しくは，斉藤［1994］の第V章を参照されたい。
　4）アビーナショナルの経営悪化とサンタンデールによる買収について詳しくは久保田（林）［2004］を参照されたい。
　5）本章は，BOEの金融調節方式については詳しく論じることはしない。2006年5月のBOEの金融調節方式の変更については，斉藤［2014］の第

　　２章を,] ノーザンロック危機にたいする BOE の対応および量的緩和
　　（QE）の採用について詳しくは, 斉藤［2014］の第３章をそれぞれ参照さ
　　れたい。

6）この調査の紹介については, 星野［2007］に依っている。

7）この点については, 日本ではあまり大きく報道されなかったこと, 破綻
　　はロイズ BG の破綻とされたことの他, イギリスにおいても RBS の破綻
　　の監督機関・議会等の調査から数年遅れで開始された（金融サービス機構
　　（FSA）が RBS についての破綻についての報告を発表したのが 2011 年 12
　　月であり, HBOS の破綻についての調査を開始したのは 2012 年の９月の
　　ことであった）ことも影響しているように思われる。イギリスにおける経
　　緯については House of Commons Treasury Committee [2016] を参照され
　　たい。

8）TSB の前身は信託貯蓄銀行であり, その最初のものは 1810 年に設立さ
　　れた。これは住宅金融組合と並ぶイギリスの代表的貯蓄金融機関であり,
　　運用は国債（実際は国家貸付基金）でなされた。その数は 1860 年代には
　　600 を超えていたが, 以後その数は減少を続け, 1970 年代には 70 程度と
　　なっていた。1980 年代には全国統合され, 組織形態も相互組織から株式
　　会社となった。1990 年代には業務拡大により経営が悪化したことにより,
　　結果的にロイズ銀行に合併されることとなった。TSB の歴史について詳
　　しくは斉藤［1999］の第２章を参照されたい。

9）リテール・リングフェンス規制の成立過程およびその内容, イギリス大
　　手銀行の組織再編および実際の経営状況について詳しくは, 本書第４章を
　　参照されたい。

あとがき

　本書は，『イングランド銀行の金融政策』（金融財政事情研究会，2015年），髙橋亘氏との共著である『危機対応と出口への模索―イングランド銀行の戦略―』（晃洋書房，2020年）に続く位置づけの書である。特に，「第Ⅰ部　中央銀行・金融政策」は，前2書がもっぱらイングランド銀行（BOE）の金融政策について検討したのに続けて，2010年代末以降の同行の量的緩和からの出口政策の変化（1・2章）および中央銀行デジタル通貨（CBDC）の取組みの進展（3章）について検討したものである。これに加えて補章においては，量的緩和の採用は外生的貨幣供給説が理論的に正しいことを意味するのかを，BOE自身が量的緩和を推進する一方で貨幣供給の内生性を認める論文を発表していることをどう捉えるかという観点から検討した。

　「第Ⅱ部　金融規制・ペイメント・住宅金融」は，金融政策・中央銀行関連以外の近年のイギリス金融の各方面の変化について検討したものである。グローバル金融危機においてイギリスはビッグフォーと呼ばれる大手行の内の2行が実質国有化された他，多くの金融機関が破綻した。金融危機が起きると規制体制の不備が常に問題にされるが，今次危機においてもそれが問題とされ，結果としてリテール・リングフェンス規制が制定された。第4章では，同規制の制定過程およびその内容，さらには実際のリングフェンス銀行の経営についても検討した。第5章は，かつて小切手社会といわれていたイギリスがデビットカード社会に変貌したことについて分析したものである。そして第6章においては，かつてイギリス住宅金融

をほぼ独占していた住宅金融組合の金融化期における変化と衰退を分析した。

　全体として本書は，イギリス金融の近年における変化を検討したものであるが，その要因として有力なものとしてはグローバル金融危機そしてブレグジットがある。ブレグジットのイギリス金融に中長期的にどのような影響を与えるのかについて予測するのは難しいことであるが，それがシティの地位，イギリス経済に大きな影響を与えることは間違いないであろう。さらにそれは，国のあり方，すなわち「グレートブリテンおよび北アイルランド連合王国（UK）」の構造にも影響を与えることとなろう。通関上の実質的な国境が，ブリテン島とアイルランド島の間に引かれたことは，国のあり方に影響を与えざるをえないであろう。

　このような変化の過程で，イギリスの金融はダイナミックな変化を遂げていくであろう。これを追いかけていくのは大変なことであるが，研究者としては喜ばしいことである。思えば1980年代の半ばにロンドン大学（LSE）の大学院に留学して以来，イギリスの金融についての研究を継続してきたが，飽きることなく続けられてきたのは対象がダイナミックに変化していることもその大きな理由であろう。その意味では，幸せな研究生活を送れてきたことについて，イギリス金融（関係者）に感謝しなければならないのかもしれない。

　本書には，私の来年3月の定年退職の記念としての意味もある。1980年代の留学時には銀行関係の業界団体のサラリーマンであり，その後に証券系の研究所に転職したが，在職中にロンドン大学（SOAS）およびオックスフォード大学（セント・アントニーズ・カレッジ）での在外研究の機会を持つことができた。その後，公立大

学から私立大学（2校）と職場を変えてきた。特に現在の職場である大阪経済大学への転職は60歳での私立大学から私立大学への転職という珍しいものであった。大学卒業以来，兎にも角にも職業生活を途切れることなく続けてこられたのは，多くの方々の助けによるものであろう。ここに深い感謝の気持ちを伝えることとしたい。

　大阪経済大学での研究環境は素晴らしいものであり，初めての単訳書を出すことができ，教科書（2冊）の執筆や監修書などの初めてのことにも挑戦できたのも，この環境のためと考えている。素晴らしい環境であったが，単著の上梓ができなかったことが気がかりではあったが，ここにようやくそれができたことは喜ばしいことと考えている。また，出版事情が厳しい折，本書の出版をご快諾いただいた文眞堂にも，深い感謝の気持ちを表明させていただきたい。

　最後になるが，本書の校正中の2021年9月11日に逝去された山口重克先生に本書を捧げることとしたい。山口先生には，大学の教養学部時代に講義を受講し，3年の経済学部進学時にはそのゼミに所属させていただいた。実は，就職（全国銀行協会連合会）も山口先生にお世話いただき，東京大学教養学部時代の同級生であった当時調査部長の吉田暁先生（武蔵大学名誉教授：2014年9月逝去）を紹介していただいた。両先生には，その後も継続的にお世話いただいた。本書の第Ⅰ部補章においては，経済学・金融論そして人生の師である両先生の間の議論を紹介させていただいたが，もう両先生とも鬼籍に入られ，本書を読んでいただけないのが残念でならない。これまで私は，自らの著作を第一に読んでいただきたい読者として両先生を考えてきた。その意味では途方に暮れている。しかし，ここで研究を止めてしまっては両先生の学恩に応えることはできない。もうしばらくは，研究への情熱を継続させていきたいと考えて

いる。「まだ大丈夫です。」と両先生に伝えることとしたい。

　　2021 年 9 月
　　　　　　　　　大津市比良の自宅にて，琵琶湖と比良山系を眺めつつ
　　　　　　　　　大阪経済大学経済学部教授　斉藤美彦

初出一覧

参考文献

（邦語文献）

雨宮正佳［2019］（講演）「日本銀行はデジタル通貨を発行すべきか」

板倉譲治［1995］『私の金融論』慶應通信

太田瑞希子［2018］「第8章　Brexit 後の英国金融機関と EU の関係」須網隆夫＋21世紀政策研究所編『英国の EU 離脱と EU の未来』日本評論社

翁邦雄［1999］「ゼロ・インフレ下の金融政策について」『金融研究』1999年8月号

小幡道昭［2009］『経済原論 基礎と演習』東京大学出版会

掛下達郎［2019］「英国リングフェンス銀行の源流と導入」『商学論叢』（福岡大学）第63巻第1・2号

金井雄一［2017］「銀行券が預金されたのか、預金が銀行券を生んだのか」『歴史と経済』第237号

河村小百合［2017］「中央銀行のバランス・シート政策と課題」『JRI レビュー』Vol.7-No.46.

木内登英［2019］『決定版リブラ―世界を震撼させるデジタル通貨革命―』東洋経済新報社

吉川顯麿［2008a］「吉田暁氏における「預金通貨」論の検討―現代通貨論研究（1）―」『金沢星稜大学論集』第41巻第3号

吉川顯麿［2008b］「諸取引を媒介する通貨概念と吉田暁氏の「預金通貨」論―現代通貨論研究（2）―」『金沢星稜大学論集』第42巻第1号

木村二郎［2003］「信用創造と「資金の先取り」―山口重克氏と吉田暁氏の所説をめぐって―」下平尾勲編著『現代の金融と地域経済―下平尾勲退官記念論集』新評論

木村二郎［2007］「書評　斉藤美彦著『金融自由化と金融政策・銀行行動』」『季刊経済理論』第44巻第1号

リチャード・クー［2019］『「追われる国」の経済学：ポスト・グローバリズムの処方箋』東洋経済新報社

久保田（林）宏美［2004］「サンタンデールによるアビーナショナルの買収提案」『資本市場クォータリー』2004Autumn

久米眞司［2020］「英国キャメロン政権の対 EU 政策」『PRI Discussion Paper Series』No.20A-09

倉山満［2019］『ウェストファリア体制』PHP 新書

小林襄治［2016］「英国の銀行改革（独立銀行委員会報告）」『証券レビュー』

第 52 巻第 3 号

斉藤美彦［1994］『リーテイル・バンキング―イギリスの経験―』時潮社

斉藤美彦［1999］『イギリスの貯蓄金融機関と機関投資家』日本経済評論社

斉藤美彦［2000a］「イギリスにおけるデビットカード利用とスーパーマー
　ケットバンク」『流通』（日本流通学会）No.13.

斉藤美彦［2000b］「内生的貨幣供給説としての日銀理論―量的緩和論批判に
　至る系譜」『広島県立大学論集』第 4 巻第 1 号

斉藤美彦［2006a］「国債累積と金融システム」『季刊経済理論』第 43 巻第 3
　号

斉藤美彦［2006b］『金融自由化と金融政策・銀行行動』日本経済評論社

斉藤美彦［2007］「『金融自由化と金融政策・銀行行動』に対する書評（評者：
　木村二郎氏）へのリプライ」『季刊経済理論』第 44 巻第 3 号

斉藤美彦［2015］『イングランド銀行の金融政策』金融財政事情研究会

斉藤美彦［2016］「イギリスにおけるデビットカード利用の急伸について」
　『証券レビュー』第 56 巻第 12 号

斉藤美彦・須藤時仁［2009］『国債累積時代の金融政策』日本経済評論社

斉藤美彦・髙橋亘［2020］『危機対応と出口への模索―イングランド銀行の戦
　略―』晃洋書房

宿輪純一［2015］『決済インフラ入門』東洋経済新報社

菅野泰夫［2021］『ブレグジット後の金融街シティとチャレンジャーバンクの
　可能性』金融財政事情研究会

外山茂［1980］『金融問題 21 の誤解』東洋経済新報社

中島真志・宿輪純一［2013］『決済システムのすべて（第 3 版）』東洋経済新
　報社

西川元彦［1984］『中央銀行』東洋経済新報社

西村友作［2019］『キャッシュレス国家―「中国新経済」の光と影―』文春新
　書

淵田康之［2016］「キャッシュレス・ジャパンの実現に向けて」『野村資本市
　場クォータリー』2016spring.

淵田康之［2017］『キャッシュフリー経済：日本活性化の FinTech 戦略』日
　本経済新聞出版

ブレイディみかこ［2017］『労働者階級の反乱：地べたから見た英国 EU 離脱』
　光文社新書

星野興爾［2007］「イギリスの金融改革とリテール金融の動向」『季刊個人金
　融』2007 冬

三谷明彦［2012］「英国の銀行制度改革」『みずほリポート』8 月 3 日

峯岸信哉［2016］「イギリス住宅金融業界における近年の動向」『住宅・金融

フォーラム』第 14 号

山口重克［1961］「商業信用と銀行信用」鈴木鴻一郎編『信用論研究』法政大学出版局

山口重克［2000］『金融機構の理論の諸問題』御茶の水書房

山口重克［2006］「電子マネーの貨幣論的考察」木立真直・辰馬信男編著『流通の理論・歴史・現状分析』中央大学出版部

横山昭雄［1977］『現代の金融構造―新しい金融理論を求めて』日本経済新聞社

横山昭雄［2015］『真説 経済・金融の仕組み』日本評論社

吉川真裕［2021］「イギリスの EU 離脱に伴う市場動向～取引・人員の減少とクリアリングの滞留～」『証研レポート』

吉田暁［2002a］『決済システムと銀行・中央銀行』日本経済評論社

吉田暁［2002b］「実務感覚からの理論への期待」『信用理論研究』第 20 号

吉田暁［2008］「内生的貨幣供給論と信用創造」『季刊経済理論』第 45 巻第 2 号

吉元利行［2017］「キャッシュレス先進国の実情と課題―現金を使用せずに生活できる国スウェーデン―」『CCR』No.6

（英語文献）

APACS [1998] *Yearbook of Payment Statistics 1998.*

Bailey, A. [2020] *The central bank balance sheet as a policy tool: past, present and future* (speech)

Bailey, A. et al. [2020] *The central bank balance sheet as a policy tool: past, present and future.*

Bank of England [2009] *Quantitative easing explained: Putting more money into our economy to boost spending.*

Bank of England [2018] *The Bank of England's future balance sheet and framework for controlling interest rate*s (Discussion Paper)

Bank of England [2020] *Central Bank Digital Currency: Opportunities, challenges and design.*

Bernanke, B. [2010] "Opening remarks: the economic outlook and monetary policy," in *Proceedings: Economic Policy Symposium,* Jackson Hole, Federal Reserve Bank of Kansas City.

Bernanke, B. [2014] "A Conversation: The Fed Yesterday, Today and Tomorrow," *Interview* by Liquat Ahamed at the Brookings Institution.

Bernanke, B. [2020] "The New Tools of Monetary Policy", *American Economic Association Presidential Address.*

Boléat, M. [1986] *The Building Society Industry*, Second Edition, Allen &

Unwin.

Boléat, M. [1989] *Housing in Britain*, Second Edition, Building Societies Association.

Brainard, W and Tobin, J. [1963] "Financial Intermediaries and the Effectiveness of Monetary Controls", *American Economic Review*, Vol. 53, No. 2.

Britton, K. et al. [2016] 'Ring-fencing: what is it and how will it affect banks and their customers?' *Bank of England Quarterly Bulletin* 2016Q4

Broadbent, B. [2016] *Central banks and digital currencies* (Speech)

Butt, N. et al. [2012] "What can the money data tell us about the impact of QE?" *Bank of England Quarterly Bulletin*, 2012Q4

Carney, M. [2018] *The Future of Money* (Speech)

Caswell, E. et al. [2020] "Cash in the time of Covid" *Bank of England Quarterly Bulletin* 2020Q4.

Christensen, J. and Rudebusch, G. [2012] "The Response of Interest Rates to U.S. and U.K. Quantitative Easing", *Federal Reserve Bank of San Francisco Working Paper* 2012-06.

Council of Mortgage Lenders [1997] *Compendium of Housing Finance Statistics 1997*.

Council of Mortgage Lenders [2007] *News & Views*, No.13-07.

Cunlife, J. [2020] *It's time to talk about money* (Speech)

Fish, T. and Whymark, R. [2015] 'How has cash usage evolved in recent decades? What might drive demand in the future?', *Bank of England Quarterly Bulletin* 2015Q3.

Giansante, S., Fatouh, M. and Ongena, S. [2020] "Does quantitative easing boost bank lending to the real economy or cause othe asset reallocation? The case of the UK" *Bank of England Staff Working Paper* No.883.

Graeber, D. [2014] *Debt (Updated and Expanded): The First 5,000 Years*, Melville House.（酒井隆史監訳［2016］『負債論：貨幣と暴力の5000年』以文社）

Haldane, A., Roberts-Sklar, M., Wieladek, T. and Young, C. [2016] "QE: the story so far", *Bank of England Staff Working Paper* No. 624.

Hauser, A. [2019] *Waiting for the exit: QT and the Bank of England's long-term balance sheet* (speech)

Hauser, A. [2020] *Seven moment in Spring: Covid-19, financial markets and the Bank of England's operations* (speech)

HM Treasury [2020] *Payment Landscape Review: Call for Evidence.*

HM Treasury and BIS (Department for Business Innovation and Skills) [2011]

The Government responce to the Independent Commission on Banking.

HM Treasury and BIS (Department for Business Innovation and Skills) [2012] *Banking Reform: delivering stability and supporting a sustainable economy.*

House of Commons Treasury Committee [2016] *Review of the reports into the failure of HBOS: Fourth Report of Session 2016-17* (HC582)

Independent Commission on Banking [2010] *Issues Paper call for evidence.*

Independent Commission on Banking [2011a] *Interim Report.*

Independent Commission on Banking [2011b] *ICB Final Report: recommendations.*

Jakab, Z. and Kumhof, M. [2015] "Banks are not intermediaries of loanable funds and why this matters" *Bank of England Working Paper* No.529.

Jakab, Z. and Kumhof, M. [2019] "Banks are not intermediaries of loanable funds-facts, theory and evidence" *Bank of England Staff Working Paper* No.761.

Joyce, M., Lasaosa, A., Stevens, I. and Tong, M. [2011] "The Financial Market Impact of Quantitative Easing in the United Kingdom", *International Journal of Central Banking,* Vol. 7 (3).

Kay, J. [2015] *Other People's Money,* PublicAffairs（薮井真澄訳 [2017]『金融に未来はあるか』ダイヤモンド社）

Lapavitsas, C. [2014] *Profiting Without Producing: How Finance Exploits Us All,* Verso.（斉藤美彦訳［2018]『金融化資本主義：生産なき利潤と金融による搾取』日本経済評論社）

Martin, I, [2013] *Making It Happen: Fred Goodwin, RBS and the men who blew up the British economy,* Simon & Schuster UK.（冨川海訳［2015]『メイキング・イット・ハプン：世界最大の銀行を破綻させた男たち』WAVE出版）

McLaren, N. and Smith, T. [2013] "The profile of cash transfers between the Asset Purchase Facility and the Her Majesty's Treasury," *Bank of England Quarterly Bulletin,* 2013Q1.

McLeay, M. et al. [2014a] "Money in the modern economy: an introduction" B*ank of England Quarterly Bulletin* 2014Q1

McLeay, M. et al. [2014b] "Money creation in the modern economy" *Bank of England Quarterly Bulletin* 2014Q1

Norther Rock plc. [2007] *Annual Report and Accounts 2006.*

PRA/FCA [2015] *The failure of HBOS plc (HBOS)*

UK Cards Association [2015] *UK Card Payments Summary 2015.*

UK Cards Association [2016] *UK Card Payments 2016.*

UK Payments [2016a] *UK Payment Markets 2016.*

UK Payments [2016b] *UK Cash & Cash Machines 2016.*

Vlieghe, G [2020] *Monetary policy and the Bank of England's balance sheet* (speech)

・各行アニュアルレポート

索　引

著者紹介

斉藤美彦（さいとう　よしひこ）

1955年　北海道北見市生まれ
1973年　北海道札幌南高等学校卒業
1979年　東京大学経済学部経済学科卒業
1979年　全国銀行協会連合会入社
1983年　預金保険機構出向（1985年まで）
1986年　ロンドン・スクール・オブ・エコノミクス（LSE）大学院研究生（1987
　　　　年まで）
1990年　日本証券経済研究所入所
1992年　ロンドン大学東洋アフリカ研究学院（SOAS）客員研究員
1995年　オックスフォード大学（セント・アントニーズ・カレッジ）スワイ
　　　　ヤ・キャセイパシフック・フェロー（1996年まで）
1997年　広島県立大学経営学部助教授
2001年　獨協大学経済学部教授
2007年　中国社会科学院日本研究所客員研究員（2008年まで）
2015年　大阪経済大学経済学部教授
＊非常勤講師：法政大学経営学部・武蔵大学経済学部・横浜国立大学経済学
　　部・作新学院大学経営学部・東京大学社会科学研究所・大阪市立大学大学院
　　創造都市研究科
［単著］
『リーテイル・バンキング：イギリスの経験』（時潮社）1994年
『イギリスの貯蓄金融機関と機関投資家』（日本経済評論社）1999年
『金融自由化と金融政策・銀行行動』（日本経済評論社）2006年
『イングランド銀行の金融政策』（金融財政事情研究会）2014年
［主な共著］
『国債累積時代の金融政策』（日本経済評論社）2009年［須藤時仁との共著］
『危機対応と出口への模索』（晃洋書房）2020年［髙橋亘との共著］
［主な単訳書］
コスタス・ラパヴィツァス著『金融化資本主義：生産なき利潤と金融による搾
　　取』（日本経済評論社）2018年

ポスト・ブレグジットのイギリス金融
―政策・規制・ペイメント―

2021 年 12 月 15 日　第 1 版第 1 刷発行　　　　　　　　　　　　検印省略

著　者　斉　藤　美　彦

発行者　前　野　　　隆

東京都新宿区早稲田鶴巻町 533

発行所　株式
　　　　会社　文　眞　堂

電　話　03（3202）8480
ＦＡＸ　03（3203）2638
http://www.bunshin-do.co.jp
郵便番号 $\binom{162-}{0041}$ 振替00120-2-96437

製作・モリモト印刷
©2021
定価はカバー裏に表示してあります
ISBN978-4-8309-5147-3 C3033